O sermão do Senhor na montanha

Dados Internacionais de Catalogação na Publicação (CIP)
(Câmara Brasileira do Livro, SP, Brasil)

Santo Agostinho
 O sermão do Senhor na montanha / Santo Agostinho ; tradução Frey Ary E. Pintarelli. – Petrópolis, RJ : Vozes, 2023. – (Clássicos da Espiritualidade)

 Título original: De sermone domini in monte.
 ISBN 978-65-5713-978-3

 1. Cristianismo 2. Sermão da Montanha – Comentários 3. Vida cristã I. Pintarelli, Frey Ary E. II. Título. III. Série.

23-151089   CDD-226.907

Índices para catálogo sistemático:
1. Sermão do Monte : Comentários : Bíblia 226.907

Tábata Alves da Silva – Bibliotecária – CRB-8/9253

Santo Agostinho

O sermão do Senhor na montanha

Tradução de Frei Ary E. Pintarelli

Petrópolis

Tradução realizada a partir do original em latim intitulado *De sermone Domini in monte*

© desta tradução:
2023, Editora Vozes Ltda.
Rua Frei Luís, 100
25689-900 Petrópolis, RJ
www.vozes.com.br
Brasil

Todos os direitos reservados. Nenhuma parte desta obra poderá ser reproduzida ou transmitida por qualquer forma e/ou quaisquer meios (eletrônico ou mecânico, incluindo fotocópia e gravação) ou arquivada em qualquer sistema ou banco de dados sem permissão escrita da editora.

CONSELHO EDITORIAL

Diretor
Volney J. Berkenbrock

Editores
Aline dos Santos Carneiro
Edrian Josué Pasini
Marilac Loraine Oleniki
Welder Lancieri Marchini

Conselheiros
Elói Dionísio Piva
Francisco Morás
Gilberto Gonçalves Garcia
Ludovico Garmus
Teobaldo Heidemann

Secretário executivo
Leonardo A.R.T. dos Santos

Diagramação: Raquel Nascimento
Revisão gráfica: Nilton Braz da Rocha
Capa: Editora Vozes
Ilustração de capa: Lúcio Américo de Oliveira

ISBN 978-65-5713-978-3

Este livro foi composto e impresso pela Editora Vozes Ltda.

Sumário

Prefácio, 7

Livro I – Preceitos que visam regular a vida, 13

- Explica-se a primeira parte do sermão pronunciado pelo Senhor na montanha, 15

- Bem-aventurados os pobres de espírito e os humildes porque concordam com os irmãos, 29

- A alegria dos prêmios divinos ao servo que a merece, 43

- Bem-aventurados os que choram, porque serão consolados – Bem-aventurado quem não cometer adultério no coração, 49

- Bem-aventurados os que têm fome e sede de justiça porque serão saciados, 53

- Bem-aventurado quem carrega a fraqueza dos outros e quanto pode os socorre, 74

Livro II – As bem-aventuranças pelas quais se vê a Deus, 101

- A pureza de coração na oração, na esmola, no jejum e nas boas obras, 103

- Bem-aventurado quem ouve e observa os preceitos do Senhor, 178

Prefácio

Não seria um exagero afirmar que Agostinho de Hipona (354-430) é o pensador que influenciou hegemonicamente a teologia e a doutrina cristã até Tomás de Aquino (1225-1274). Porém, a influência de Agostinho não se limita à sua teologia. Agostinho é até mais reconhecido como filósofo, não sendo possível estudar a filosofia europeia sem se ocupar de seu pensamento. Além disso, sua obra *Confissões* é, provavelmente, uma das primeiras autobiografias, o que é no mínimo muito curioso.

Em 391, Agostinho vai a Hipona para convencer um amigo a fazer parte de sua comunidade monástica. Porém, nesta viagem, Valério, então bispo de Hipona, convence os membros de sua Igreja a aceitar a ordenação presbiteral de Agostinho, que por sua vez pede um período de estudo das Escrituras no intuito de melhor fundamentar a pregação que viria a dirigir ao povo em seu trabalho ministerial. É justamente este período de sua ordenação presbiteral que representa uma mudança nos escritos de Agostinho, que passa a dialogar com mais intensidade com as Escrituras.

Pouco tempo depois, provavelmente em 393, Agostinho escreve *O sermão do Senhor na montanha* (*De sermone Domini in monte – s. dom. m.*). Antes da redação do comentário sobre os discursos de Jesus presentes no Evangelho de Mateus, Agostinho já havia escrito comentários sobre o Gênesis e algumas anotações sobre os Salmos. Por isso mesmo não é possível dizer que *O sermão do Senhor na montanha* se trate de seu primeiro texto exegético.

Na obra *O sermão do Senhor na montanha* encontramos as reflexões de Agostinho sobre os textos do Evangelho de Mateus que retratam a interlocução de Jesus com os seus discípulos, mas também com os fariseus. Encontram-se nestes textos as bem-aventuranças, mas também o conhecido discurso de Jesus sobre o sal da terra e a luz do mundo, o texto sobre o jejum, a oração e a esmola e também a Oração do Senhor (Pai-nosso).

Ao olhar desavisado a sua obra pode parecer equivocada, sobretudo se tomarmos como base a exegese moderna. Mas dentro de seu escopo ele busca o sentido literal do texto bíblico, embora comumente faça uso de interpretações alegóricas. Cada elemento assume uma função dentro do texto bíblico e sua interpretação encontra fundamento seja na relação com os textos vetero-testamentários, com a sua filosofia ou mesmo com relação entre os elementos apresentados nos textos bíblicos e as realidades celestes.

Para aqueles que estudam o pensamento e a obra de Agostinho, *O sermão do Senhor na montanha* demarca o início de um método de leitura bíblica mais profundo. Agostinho estabelece um diálogo com o texto de Is 11,2-3. As bem-aventuranças que encontramos no Evangelho de Mateus 5–7 (*s. dom. m.* 1,11) e a Oração do Senhor (Mt 6,9-13; *s. dom. m.* 2,15-43) são lidas em diálogo com o profeta Isaías como expressão da ascensão da alma a Deus.

Para Agostinho, Mt 5–7 pode ser entendido como o centro ético da ação de Jesus e do cristão. Para tanto, o autor nos apresenta a antítese do "coração duplo" e o "coração simples". O coração duplo é caracterizado pelo ser humano que pratica o bem, mas sempre com o intuito de vangloriar-se (*s. dom. m.* 2,1). Ao se apegar ao prazer, o ser humano faz do pecado um costume, um fardo para a alma que, por consequência, faz com que esse ser humano se afaste da liberdade (*s. dom. m.* 1,34). Somente somos livres em Deus.

Já o coração simples consiste na busca pelo "bem simples, ao qual relacionamos todas as nossas ações, mas seguindo, ao mesmo tempo, os bens do tempo e da eternidade" (*s. dom. m.* 2,11). A motivação da ação é fundamental para se entender a ação cristã. Uma motivação distorcida ou inadequada pode eventualmente parecer algo bom, mas torna-se inapropriada. E se o perdão deve suscitar do fundo do coração (*s. dom. m.* 2,14), as obras externas têm um efeito interior no sentido que a ação do cristão não somente é consequência da compaixão, mas a alimenta (*s. dom. m.* 2,11). O coração simples é aquele que busca configurar-se ao Senhor de modo a almejar as coisas do alto, os bens eternos e a verdadeira felicidade.

Mas no que consiste a busca pela felicidade? (*s. dom. s.* 1,10). A ação humana é entendida por Agostinho como fruto da liberdade da escolha, mas que não acontece sem a ação de Deus. Por isso, o cristão é chamado a uma conversão interior, ou à conversão do coração (*s. dom. m.* 2,14). A felicidade, ou beatitude, é compreendida como um estado de satisfação, sendo feliz aquele que tem seus desejos satisfeitos (*Sobre a vida feliz – beata v.* 10).

Por isso a felicidade objetiva é entendida na relação com a virtude do conhecimento da verdade. Trata-se de um estado espiritual no qual o ser humano se abandona em Deus, o que não pode acontecer plenamente nesta vida e, por isso mesmo, assume dimensões escatológicas, "...mesmo que sejamos ajudados por Deus, ainda não somos sábios e felizes. Portanto, a saciedade plena dos espíritos, isto é, a vida feliz, é conhecer piedosa e perfeitamente: por quem somos conduzidos para a verdade; qual a verdade de que fruímos; através do que somos ligados à medida suprema" (*beata v.* 35).

Outro ponto presente em *O sermão do Senhor na montanha* é a oração. Agostinho não escreveu uma obra específica sobre a oração, embora nos *Comentários aos Salmos* e nas *Confissões* ele aborde o tema. Em *O sermão do Senhor na montanha* Agostinho apresenta uma reflexão sobre a Oração do Senhor, que popularizou-se como o "Pai-nosso". A Oração do Senhor se constitui como o protótipo de toda oração, pois ela nos ensina como devemos rezar, não somente em sua forma, mas também em seu conteúdo.

Existem muitos autores, inclusive da Patrística, que se dedicaram a comentar a Oração do Senhor. Em *O sermão do Senhor na montanha*, Agostinho se lança a um comentário pouco sistemático, ou seja, ele não tinha a intenção de uma obra conceitual, mas também não devemos desconectá-la de sua obra como um todo.

Ainda dentro de sua leitura por analogias, Agostinho estrutura a obra a partir do número "sete". São sete bem-aventuranças, sete dons do Espírito Santo e sete as petições presentes no Pai-nosso (*s. dom. m.* 2,15-19).

Ao refletir sobre as petições da Oração do Senhor, Agostinho entende que elas possibilitam uma aproximação entre Deus e aquele que eleva a Ele sua súplica. O termo "pai", próprio do ambiente familiar, carrega consigo o afeto. Já o termo "nosso" põe fim em qualquer distinção entre os filhos (*s. dom. m.* 2,16).

As três primeiras súplicas da Oração do Senhor apontam para uma relação com Deus que se inicia nesta vida, mas que só se encerrará na eternidade. Nas outras petições o orante se coloca diante de Deus pedindo tudo aquilo que é necessário para que cumpra a contento essa peregrinação. Todas as sete súplicas da Oração do Senhor apontam para um único fim: o prêmio da vida eterna (*s. dom. m.* 2,36-37).

Em sua obra *Retractationes* (*retr.*) Agostinho corrige algumas questões presentes na obra *O sermão do Senhor na Montanha*. Buscando estabelecer uma relação entre o platonismo e o cristianismo, Agostinho afirma que a verdadeira paz (ou podemos inclusive falar da verdadeira felicidade) só pode ser vivenciada após a morte (*retr.* 1,19,1-2), diferente do que afirmou (*s. dom. m.* 1,11).

Agostinho também supera o entendimento de que sem o pecado original não haveria procriação física (*s. dom. m.* 1,41; *retr.* 1,19,5). Nas *Retratações*, Agostinho entende que a distinção dos sexos precede a queda, do mesmo modo que é natural a alimentação (*s. dom. m.* 2,56; *retr.* 1,19,9).

Por fim, cabe ressaltar algo que pode parecer óbvio, mas nem sempre o é. Agostinho é fruto de seu tempo e algumas questões precisam ser revisitadas a partir de todo seu pensamento. Para maior fidelização às normatizações próprias dos estudos agostinianos, optamos por manter as numerações, inclusive respeitando as imprecisões referentes aos textos bíblicos.

O texto foi traduzido pelo frade franciscano Ary Pintarelli, já conhecido de longa data por seus trabalhos de tradução, mas que nos últimos tempos tem se dedicado a obras clássicas da espiritualidade como os *Sermões* de Santo Antônio. O título *O sermão do Senhor na montanha* e não "da montanha" nos pareceu mais coerente, apesar de não ser usual. Também outras características do texto como padronização de citações e organização foram mantidas.

Na presente obra o leitor tem contato com um Agostinho presbítero, que ainda não havia escrito suas obras clássicas como *Confissões*, *Cidade de Deus* e *A Trindade*. A obra dialoga com todo o pensamento de Agostinho, mas também serve ao leitor não especializado ou, mais ainda, que quer o contato com uma obra de espiritualidade clássica. Agostinho trata das virtudes, da oração e da busca de Deus e isso faz de sua obra não apenas importante, mas também atual.

Welder Lancieri Marchini

Editor teológico Vozes

LIVRO I
PRECEITOS QUE VISAM REGULAR A VIDA

Explica-se a primeira parte do sermão pronunciado pelo Senhor na montanha

(1.1–5.15)

No sermão do Senhor explica-se a perfeita medida da vida cristã.

1.1. Se alguém considerar com fé e sobriedade o sermão que nosso Senhor Jesus Cristo pronunciou na montanha, conforme o lemos no Evangelho segundo Mateus, creio que nele há de encontrar a perfeita medida da vida cristã no que se refere a uma ótima moralidade. Não ousamos afirmar isso temerariamente, mas deduzimo-lo das próprias palavras do mesmo Senhor; pois o próprio sermão termina de forma a parecer que nele estão contidos todos os preceitos que visam regular a vida. De fato, diz assim: *Todo aquele, pois, que ouve estas minhas palavras, e as observa, será semelhante ao homem prudente que edificou a sua casa sobre a rocha. Caiu a chuva, transbordaram os rios, sopraram os ventos, investiram contra aquela casa e ela não caiu, porque estava fundada sobre a rocha. E todo aquele que ouve estas minhas palavras e não as pratica, será semelhante ao homem insensato, que edificou a sua casa sobre a areia. Caiu a chuva, transbordaram os rios, sopraram os ventos, investiram contra aquela casa e ela caiu, e foi grande a sua ruína* (Mt 7,24-27). Portanto, não disse apenas: *Quem ouve as minhas palavras,* mas acrescentou: *Quem ouve estas minhas palavras*. Portanto, na minha opinião, indicou que estas palavras pronunciadas na montanha instruem tão eficazmente a vida daqueles que procuram vivê-las, que eles, com razão, são comparados a quem constrói sobre a rocha. E disse isso, a fim de parecer que o sermão inclui perfeitamente todas as normas pelas quais se regula a vida cristã. Desse assunto tratar-se-á com mais atenção no devido lugar.

O que significa a montanha.

1.2. Ora, o início deste sermão é enunciado assim: *Vendo Jesus aquela multidão, subiu a um monte, e, tendo-se sentado, aproximaram-se deles os seus discípulos. Ele, abrindo a sua boca, instruía-os, dizendo* (Mt 5,1-2). Ao se perguntar o que simboliza o monte, é bem compreendido que simbolize os maiores preceitos da justiça, porque os menores eram aqueles que haviam sido dados aos judeus. Todavia, o único Deus, mediante seus santos profetas e servos, segundo uma ordenadíssima distribuição dos tempos, deu os preceitos menores ao povo que era necessário manter ainda ligado pelo temor e, mediante seu Filho, os maiores ao povo que convinha já estar libertado pela caridade. Já que são dados preceitos menores aos menores e maiores aos maiores, são dados por Ele, porque somente Ele sabe oferecer ao gênero humano o remédio adequado a seus tempos. E não é de admirar que, pelo mesmo e único Deus, que fez o céu e a terra, são dados preceitos maiores por causa do reino dos céus, e são dados preceitos menores por causa do reino da terra. Ora, desta justiça, que é maior, diz-se pelo Profeta: *A tua justiça é como os montes de Deus* (Sl 35,7), *e isso simboliza bem que pelo único Mestre* (cf. Mt 23,8), o único capaz de ensinar tantas coisas, se ensine no monte. Além disso, ensina sentado, o que condiz com a dignidade do Mestre. E aproximam-se dele os seus discípulos, a fim de que, ouvindo as suas palavras, estivessem também mais próximos pelo corpo aqueles que se aproximavam pelo espírito para cumprir os preceitos. *Abriu sua boca e os instruía dizendo* (Mt 5,2). Esta perífrase pela qual se escreve: e abrindo sua boca, talvez, pela própria pausa, faz pensar que o sermão tornar-se-ia um pouco mais longo, a não ser, talvez, que pelo fato de agora ter dito que abriu sua boca, inclua que ele próprio, no *Antigo Testamento*, costumava abrir a boca dos profetas.

Bem-aventurados os pobres de espírito.

1.3. Então, o que diz? *Bem-aventurados os pobres de espírito, porque deles é o reino dos céus* (Mt 5,3). Sobre o desejo das coisas temporais, lemos que está escrito: *Achei que tudo era vaidade e presunção de espírito* (Ecl 1,14); ora, a presunção de espírito significa a arrogância e a soberba. Popularmente, diz-se que os soberbos têm também grandes espíritos, e corretamente, quando na verdade também o vento é chamado de espírito, por isso está escrito: *o fogo, o granizo, a neve, a geada, o vento das tempestades* (Sl 148,8). Na verdade, quem ignora que os soberbos são tidos por inchados, como se fossem dilatados pelo vento? Daí que existe também a palavra do Apóstolo: *A ciência incha, a caridade edifica* (1Cor 8,1). Por isso, com razão, aqui se consideram pobres de espírito os humildes e os que temem a Deus, isto é, os que não têm um espírito que incha. E a bem-aventurança não podia, absolutamente, ter início em outra parte, visto que deve chegar à suma sabedoria. Afinal, *o princípio da* *sabedoria é o temor do Senhor* (Eclo 1,16; Sl 110,10), porque, ao contrário: *Escreve-se que o início de todo pecado é a soberba* (Eclo 10,15). Portanto, os soberbos esperem e amem os reinos da terra; mas, *bem-aventurados os pobres de espírito, porque deles é o reino dos céus* (Mt 5,3).

Bem-aventurados os mansos.

2.4. *Bem-aventurados os mansos, porque possuirão a terra* (Mt 5,4), creio que seja a terra da qual se fala nos Salmos: *Tu és a minha esperança, a minha porção na terra dos viventes* (Sl 141,6). Pois simboliza uma certa solidez e estabilidade da herança perpétua, onde, por um bom sentimento, a alma repousa no seu lugar, como o corpo na terra, e daí nutre-se de seu alimento, como o corpo da terra. E ela é o repouso e a vida dos santos. São mansos, porém, aqueles que não cedem às maldades e não resistem no mal, mas vencem o mal com o bem (cf. Rm 12,21). Combatam, pois, os violentos e lutem pelos bens da terra e do tempo, mas *bem-aventurados os mansos, porque possuirão a terra* (Mt 5,4), da qual não podem ser expulsos.

Bem-aventurados os que choram.

2.5. *Bem-aventurados os que choram, porque serão consolados* (Mt 5,5). O pranto é a tristeza pela perda dos entes queridos. Porém, voltados para Deus, perdem os amados bens que abraçavam neste mundo; pois não gozam mais das coisas que antes gozavam e, enquanto não se produzir neles o amor pelas coisas eternas, são lesados por alguma desolação. Serão, pois, consolados pelo Espírito Santo que, sobretudo por isso, é chamado de

Paráclito, isto é, consolador, para que, ao perder a alegria temporal, gozem da eterna.

Bem-aventurados os que têm fome de justiça.

2.6. *Bem-aventurados os que têm fome e sede de justiça, porque serão saciados* (Mt 5,6). Aqui já diz que eles amam os bens verdadeiros e inabaláveis. Portanto, serão saciados com o alimento do qual o próprio Senhor diz: *Meu alimento é fazer a vontade do meu Pai* (Jo 4,34), o que é justiça; e a água é aquela que, para quem a beber, como Ele próprio diz, *virá a ser nele uma fonte de água que salte para a vida eterna* (Jo 4,14).

Bem-aventurados os misericordiosos.

2.7. *Bem-aventurados os misericordiosos, porque alcançarão misericórdia* (Mt 5,7). Diz serem bem-aventurados aqueles que socorrem os miseráveis, porque a eles se retribui que sejam libertados da miséria.

Bem-aventurados os puros de coração.

2.8. *Bem-aventurados os puros de coração, porque verão a Deus* (Mt 5,8). Portanto, como são tolos os que buscam a Deus com estes olhos externos, pois se vê com o coração, como está escrito em outro lugar: *Buscai-o com simplicidade de coração* (Sb 1,1). Com efeito, um coração puro é o mesmo que um coração simples. E como a luz só pode ser vista com os olhos puros, assim nem Deus se vê se não for puro o órgão pelo qual se vê.

Bem-aventurados os pacíficos.

2.9. *Bem-aventurados os pacíficos, porque serão chamados filhos de Deus* (Mt 5,9). Na paz existe a perfeição, onde nada está em oposição; e por isso, os pacíficos são filhos de Deus, porque nada se opõe a Deus e, obviamente, os filhos devem manter a semelhança do Pai. Mas são pacíficos no próprio ser todos aqueles que, submetendo todas as atividades do espírito à razão, isto é, à inteligência e à consciência, e tendo dominado todos os impulsos carnais, tornam-se reino de Deus, no qual todas as coisas são ordenadas de forma que aquilo que no homem é principal e excelente, sem que se oponham às outras coisas que são comuns a nós e aos animais e àquilo que sobressai no homem, isto é, a inteligência e a razão, seja submisso ao ser mais alto que é a própria Verdade, o Unigênito Filho de Deus. E o homem não pode dominar sobre as coisas inferiores, se ele próprio não se submeter ao Ser superior. E esta é a paz que é dada na terra aos homens de boa vontade (cf. Lc 2,14), é a vida do consumado e perfeito sábio. Deste tranquilíssimo e ordenadíssimo reino foi posto fora o príncipe deste mundo (cf. Jo 12,31), que domina sobre os seres privados da paz e da ordem. Interiormente organizada e estabelecida esta paz, qualquer perseguição que for provocada por aquele que foi posto fora, aumenta a glória que é segundo Deus, não demolindo nada naquele edifício, mas, perdidas as suas máquinas de guerra, faz compreender com quanta firmeza está construída internamente. Por isso, continua: *Bem-aventurados os que sofrem perseguição por causa da justiça, porque deles é o reino dos céus* (Mt 5,10).

Todas essas oito proposições.

3.10. Porém, estas todas são oito proposições. Mas logo, acrescentando outras, fala aos que estavam presentes, dizendo: *Bem-aventurados sereis quando vos insultarem e vos perseguirem* (Mt 5,11). Mas exprimia de modo geral as proposições precedentes; de fato não disse: *Bem--aventurados os pobres de espírito*, porque vosso é o reino dos céus, mas disse: *Porque deles é o reino dos céus* (Mt 5,3); nem: *Bem-aventurados os mansos*, porque vós possuireis a terra, mas: *Porque eles possuirão a terra* (Mt 5,4); e assim as outras proposições, até a oitava, na qual diz: *Bem-aventurados os que sofrem perseguição por causa da justiça, porque deles é o reino dos céus* (Mt 5,10). Depois começa a falar incluindo os presentes, já que as proposições, que haviam sido ditas acima, referiam-se também àqueles que as ouviam estando presentes; e depois, estas que parecem ser pronunciadas especialmente aos presentes, referem-se também àqueles que estavam ausentes ou que estariam presentes no futuro. Por isso, deve-se considerar atentamente o número dessas proposições. Começa, então, a bem-aventurança pela humildade: *Bem--aventurados os pobres de espírito*, isto é, não inchados, enquanto a alma se submete à autoridade divina, temendo encaminhar-se para as penas depois desta vida, embora, talvez, nesta vida lhe pareça ser feliz. A seguir, chega ao conhecimento das divinas Escrituras, nas quais é preciso mostrar-se manso a Ele pela piedade, para que não ouse repreender aquilo que aos ignorantes parece absurdo e se torne indócil com obstinadas discussões. Daí, então, começa a compreender de que obstáculos deste mundo se livra pelo costume carnal e pelo pecado. Depois, no terceiro grau, no qual existe a ciência, chora-se a perda do sumo bem, porque se abraçam os menores. No quarto grau, existe a angústia, no qual nos esforçamos com veemência para que a consciência se separe das coisas às quais está presa por uma perniciosa doçura. Aqui, então, tem-se fome e sede de justiça e muito necessária é a fortaleza, pois não se deixa sem dor o que se possui com prazer. No quinto grau, porém, dá-se o conselho de escapar aos que continuam na angústia, porque se não se é ajudado por um superior, sozinho, de modo algum, alguém é capaz de desembaraçar-se de tantas confusões das misérias. Ora, é um conselho justo que quem quer ser ajudado por um ser superior, ajude alguém mais fraco, no caso de ele ser mais forte. Por isso: *Bem-aventurados os misericordiosos, porque alcançarão misericórdia.* No sexto grau, existe a pureza do coração que pela consciência das boas obras deseja contemplar o sumo bem, que somente pode ser intuído com a mente pura e serena. Por fim, a sétima é a própria sabedoria, isto é, a contemplação da verdade, que pacifica o homem todo para receber a semelhança de Deus, que termina assim: *Bem-aventurados os pacíficos, porque serão chamados filhos de Deus.* A oitava proposição como que retorna à primeira, porque mostra e julga o que foi consumado e realizado. Por isso, na primeira e na oitava é nomeado o reino dos céus: *Bem-aventurados os pobres de espírito, porque deles é o reino dos céus,* e: *Bem-aventurados os que sofrem perseguição por causa da justiça, porque deles é o reino dos céus,* visto que já se diz: *Quem nos separará do amor de Cristo? A tribulação, a angústia, a perseguição, a fome, a nudez, o perigo, a espada?* (Rm 8,35). Portanto, são sete as proposições que levam a cumprimento, pois a oitava esclarece e indica o que foi realizado, para que por estes graus se realizem também os outros, como que começando novamente do princípio.

Os sete dons do Espírito Santo parecem concordar com esses graus e proposições.

4.11. Parece-me, pois, que também as sete operações do Espírito Santo, das quais fala Isaías (cf. Is 11,2-3), concordam com esses graus e proposições. Mas há uma diferença de ordem, pois ali, no Profeta, a enumeração começa pelos graus mais altos; aqui, porém, pelos mais baixos; de fato, ali começa pela sabedoria e termina pelo temor de Deus, mas *o princípio da sabedoria é temor de Deus* (Eclo 1,16; Sl 110,10). Por isso, se enumerarmos de grau em grau em ordem ascendente, o primeiro é o temor de Deus, o segundo a piedade, o terceiro a ciência, o quarto a fortaleza, o quinto o conselho, o sexto o intelecto, o sétimo a sabedoria. O temor de Deus convém aos humildes, dos quais aqui se diz: *Bem-aventurados os pobres de espírito*, isto é, não inchados, não soberbos, aos quais o Apóstolo diz: *Não te ensoberbeças, mas teme* (Rm 11,20), isto é, não te exaltes. A piedade convém aos mansos. Com efeito, quem procura com piedade, honra a Sagrada Escritura e não repreende aquele que ainda não compreende e, por isso, não se opõe; e isso é ser manso; por isso aqui se diz: *Bem-aventurados os mansos*. A ciência convém àqueles que choram, que já aprenderam nas Escrituras a que males estão presos, que, por ignorância, os desejaram como bons e úteis; deles aqui se diz: *Bem-aventurados os que choram*. A fortaleza convém àqueles que têm fome e sede. Com efeito, angustiam-se, porque desejam a alegria dos verdadeiros bens e aspiram abandonar o amor dos bens da terra e do corpo; deles aqui se diz: *Bem-aventurados os que têm fome e sede de justiça*. O conselho convém aos misericordiosos. Ora, o único remédio para escapar de tantos males é que perdoemos como queremos ser perdoados, e ajudemos os outros naquilo que podemos, como nós queremos ser ajudados naquilo que não podemos; desses se diz: *Bem--aventurados os misericordiosos*. O intelecto convém aos puros de coração, entendido como olho purificado, para que com ele se possa perceber aquilo que o olho do corpo *não viu, nem o ouvido ouviu, nem entrou no coração do homem* (Is 64,4; 1Cor 2,9); deles aqui se diz: *Bem-aventurados os puros de coração*. A sabedoria convém aos pacíficos, nos quais todas as coisas já estão em ordem e não existe nenhum impulso contra a razão, mas tudo obedece à consciência do homem, já que ele próprio obedece a Deus; dos quais aqui se diz: *Bem-aventurados os pacíficos*.

Um único prêmio para os próprios graus é nomeado de modo diferente.

4.12. Mas um único prêmio, isto é, o reino dos céus, foi nomeado de diversos modos para os próprios graus. Em primeiro lugar, como era conveniente, é indicado o reino dos céus, que é a perfeita e suma sabedoria da alma racional. Por isso, é dito assim: *Bem-aventurados os pobres de espírito, porque deles é o reino dos céus*, como se dissesse: *O início da sabedoria é o temor do Senhor*. Aos mansos é dada a herança, como os que com a piedade buscam o testamento do Pai: *Bem-aventurados os mansos, porque eles possuirão a terra em herança*. Aos que choram, o consolo, como aqueles que sabem o que perderam e em que males estão imersos: *Bem-aventurados os que choram, porque serão consolados;* aos que têm fome e sede, a saciedade, como conforto para aqueles que se esforçam e lutam fortemente pela salvação: *Bem-aventurados os que têm fome e sede de justiça, porque serão saciados*; aos misericordiosos, a misericórdia, como aqueles que seguem o verdadeiro e ótimo conselho, para que lhes seja oferecido pelo mais forte o que eles oferecem aos mais fracos: *Bem-aventurados os misericordiosos, porque alcançarão misericórdia*; aos puros de coração, a faculdade de ver a Deus, como aqueles que têm o olho puro para compreender as coisas eternas: *Bem-aventurados os puros de coração, porque verão a Deus*; aos pacíficos, a semelhança com Deus, como aqueles que têm a perfeita sabedoria e são formados à semelhança de Deus mediante a regeneração do homem novo: *Bem-aventurados os pacíficos, porque serão chamados filhos de Deus.* E na verdade, estas coisas podem ser realizadas nesta vida, como cremos que tenham sido realizadas nos apóstolos; pois não se pode expor por palavras a total mudança na forma angélica que é prometida depois desta vida. Portanto, *bem-aventurados os que sofrem perseguição por causa da justiça, porque deles é o reino dos céus.* Esta oitava proposição, que retorna à primeira e declara o homem perfeito, talvez, no *Antigo Testamento*, simbolize a circuncisão no oitavo dia e a ressurreição do Senhor depois do sábado, que é tanto o oitavo como o primeiro dia, e pela celebração dos oito dias de repouso que observamos na regeneração do homem novo e pelo próprio número de Pentecostes. Com efeito, multiplicado o setenário sete vezes, que são quarenta e nove, e se acrescenta um oitavo dia, para que se completem cinquenta e como que se retorne ao princípio. Nesse dia foi enviado o Espírito Santo, pelo qual somos levados ao reino dos céus, recebemos a herança, somos consolados, somos saciados, obtemos misericórdia, somos purificados e pacificados. E assim, perfeitos, pela verdade e pela justiça suportamos todos os sofrimentos causados pelo exterior.

Nossa felicidade está no interior.

5.13. *Bem-aventurados sereis*, continua, *quando vos insultarem e vos perseguirem e, mentindo, disserem todo o mal contra vós por causa de mim. Alegrai-vos e exultai, porque é grande a vossa recompensa nos céus* (Mt 5,11-12). Quem, na qualidade de cristão, busca as alegrias deste mundo e a abundância das coisas temporais, reflita que a nossa felicidade está no interior, como se diz da alma da Igreja com as palavras do Profeta: *Toda a beleza da filha do rei está no interior* (Sl 44,14). No exterior, porém, são prometidas maldições, perseguições e difamações, pelas quais, nos céus, haverá grande recompensa, que se percebe no coração dos que sofrem, daqueles que já podem dizer: *Gloriamo-nos nas tribulações, sabendo que a tribulação produz a paciência; a paciência, a prova; a prova, a esperança; e a esperança não traz engano, porque a caridade de Deus está derramada em nossos corações pelo Espírito Santo que nos foi dado* (Rm 5,3-5). Com efeito, não é frutuoso só sofrer esses males, mas suportá-los pelo nome de Cristo, não só com ânimo sereno, mas também com exultação. De fato, muitos hereges que, com o nome de cristãos, induzem as almas ao erro, suportam muitos desses sofrimentos, mas são excluídos da referida recompensa, porque não foi dito só: *Bem-aventurados os que sofrem perseguição*, mas foi acrescentado: *por causa da justiça*. Contudo, onde não existe uma fé sadia, não pode existir a justiça, porque *o justo vive da fé* (Hab 2,4; Rm 1,17). Também os cismáticos não se iludam de receber essa recompensa, porque, igualmente, onde não existe a caridade não pode existir a justiça; de fato, *o amor ao próximo não faz o mal* (Rm 13,10); e se o tivessem, não dilacerariam o corpo de Cristo que é a Igreja (cf. Cl 1,24).

A diferença entre maldizer e difamar.

5.14. Todavia, pode-se perguntar: Que diferença há quando diz: *Quando vos maldisserem* e: *Disserem todo o mal contra vós*, já que maldizer é o mesmo que dizer mal. Ora, uma coisa é lançar uma palavra má com um insulto contra aquele que se maldiz, conforme foi dito a nosso Senhor: *Não dizemos nós com razão que tu és um samaritano e que tens um demônio?* (Jo 8,48), outra, é ofender a fama do ausente, como dele se escreve: *Uns diziam: É um homem de bem. Outros, porém, diziam: Não é; Ele engana o povo* (Jo 7,12). Mas perseguir é usar violência ou armar ciladas. O que fez aquele que o traiu e aqueles que o crucificaram. Certamente também não é claramente manifestado, quando se diz: *E disserem todo o mal contra vós*, por isso, acrescenta-se: *Mentindo*, e também: *Por causa de mim*; penso que é acrescentado por causa daqueles que querem gloriar-se das perseguições e da torpeza de sua fama; e, por isso, pensam que Cristo pertence a eles, pois deles se dizem muitas coisas más e se diz a verdade quando se fala do seu erro. E se, por vezes, também se lançam algumas falsidades, o que, com frequência, acontece pela temeridade dos homens, todavia não as sofrem por amor a Cristo. Com efeito, não segue a Cristo aquele que é chamado cristão, mas não segundo a verdadeira fé e a doutrina católica.

Nossa futura recompensa está nos céus.

5.15. *Alegrai-vos,* continua, *e exultai, porque grande é a vossa recompensa nos céus* (Mt 5,12). Penso que aqui não são denominados céus as partes mais altas deste mundo visível – afinal, a nossa recompensa, que deve ser inabalável e eterna, não deve ser colocada nas coisas volúveis e temporais –, mas penso que nos céus significa nas moradas espirituais, onde habita a eterna justiça (cf. 2Pd 3,13). Na comparação, a alma má é considerada terra e, porque peca, a ela foi dito: *És terra e à terra hás de voltar* (Gn 3,19). Destes céus diz o Apóstolo: *Nós, porém, somos cidadãos dos céus* (Fl 3,20). Portanto, já experimentam esta recompensa aqueles que gozam dos bens espirituais; mas então, completar-se-á cada uma das partes, quando também o que é mortal se revestir de imortalidade (1Cor 15,53-54). E diz: *Pois assim perseguiram os profetas, que existiram antes de vós* (Mt 5,12). Aqui colocou a perseguição em sentido geral, tanto as maldições como a violação da fama. E muito bem exortou com um exemplo, já que, geralmente, sofrem perseguição aqueles que dizem a verdade. Todavia, os antigos profetas não fugiram da pregação da verdade pelo temor da perseguição.

Bem-aventurados os pobres de espírito e os humildes porque concordam com os irmãos

(6.16–10.28)

Vós sois o sal da terra.

6.16. Com muita coerência, por isso, continua: *Vós sois o sal da terra* (Mt 5,13), mostrando que devem ser considerados insípidos aqueles que, ambicionando a abundância ou temendo a escassez dos bens temporais, perdem os bens eternos, que não podem ser dados nem tomados pelos homens. Por isso: *Se o sal perder a sua força, com que será ele salgado?* Isto é, se vós, que, de algum modo, sois aqueles que devem temperar os povos, por medo das perseguições temporais perdeis o reino dos céus, quais serão os homens pelos quais se elimine o erro de vós, já que Deus vos escolheu para eliminar o erro dos outros? Portanto: O sal insosso *para nada mais serve senão para ser lançado fora e calcado pelos homens.* Por isso, não é pisado pelos homens quem sofre a perseguição, mas aquele que, temendo a perseguição, torna-se insosso. Ora, não pode ser pisado senão aquele que está por baixo; mas não está por baixo aquele que, embora suporte muitas dores corporais na terra, está, todavia, com o coração fixo no céu.

Vós sois a luz do mundo.

6.17. *Vós sois a luz do mundo* (Mt 5,15). Como acima disse: *Sal da terra*, assim agora diz: *Luz do mundo*. Com efeito, acima, por terra, não se deve entender aquela que pisamos com os pés, mas os homens que habitam na terra, ou também os pecadores, porque o Senhor enviou o sal apostólico para temperá-los e impedir-lhes a putrefação. E por mundo, aqui é oportuno que se entenda não o céu e a terra, mas os homens, que estão no mundo ou amam o mundo e que os apóstolos foram enviados para iluminá-los. *Não pode ficar escondida uma cidade situada sobre um monte*, isto é, fundada sobre uma insigne e grande justiça, simbolizada também pelo monte no qual o Senhor está ensinando. *Nem se acende uma lucerna e se põe debaixo do alqueire, mas sobre o candeeiro* (Mt 5,15). O que pensamos? Quando é dito: *Debaixo do alqueire*, deve-se entender somente a ocultação da lucerna, como se dissesse: Ninguém acende uma lucerna e a esconde? Ou também o alqueire simboliza alguma coisa, de modo que colocar a lucerna debaixo do alqueire significa que o bem-estar do corpo é mais importante do que a pregação da verdade, de modo que assim alguém não prega a verdade, porque teme sofrer algum incômodo nas coisas corporais e temporais? E muito bem indica-se o alqueire: ou por causa da retribuição da medida, porque com ela cada um recebe o que carregou no corpo, como diz o Apóstolo: *para que cada um receba o que é devido ao corpo* (2Cor 5,10) e como deste alqueire do corpo em outro lugar se diz: *Com a medida com que tiverdes medido, medirão também a vós* (Mt 7,2); ou porque os bens temporais, que se conseguem pelo corpo, começam e passam por uma certa medida de dias que, talvez, o alqueire simboliza. Porém, os bens eternos e espirituais não estão contidos em tal limite, *porque Deus não dá o Espírito por medida* (Jo 3,34). Portanto, põe a lucerna debaixo do alqueire quem apaga e cobre a luz da boa doutrina com os prazeres temporais, mas a põe sobre o candeeiro quem submete seu corpo ao ministério de Deus, para que em cima esteja a pregação da verdade e debaixo a submissão do corpo. Todavia, por tal submissão do corpo brilhe no alto a doutrina, que se comunica nas boas obras aos que aprendem pelas funções do corpo, isto é, pela voz, pela língua e pelos outros movimentos do corpo. Portanto, o Apóstolo põe a lucerna sobre o candeeiro quando diz: *Combato, não como quem açoita o ar, mas castigo o meu corpo e o reduzo à escravidão, para que não suceda que, tendo pregado aos outros, eu mesmo venha a ser réprobo* (1Cor 9,26-27). Na verdade, quando diz: *A fim de que brilhe para todos os que estão em casa* (Mt 5,15), penso que por casa se entenda a habitação dos homens, isto é, o próprio mundo, por causa daquilo que disse acima: *Vós sois a luz do mundo* (Mt 5,14). Ou se por casa alguém quer entender a Igreja, isso também não é absurdo.

Pelas boas obras, o homem estabeleça o fim, para agradar a Deus.

7.18. E acrescenta: *Assim brilhe a vossa luz diante dos homens, para que vejam as vossas boas obras e glorifiquem o vosso Pai, que está nos céus* (Mt 5,16). Se dissesse apenas: *Assim brilhe a vossa luz diante dos homens, para que vejam as vossas boas obras*, pareceria que tivesse posto o objetivo nos louvores dos homens, que são buscados pelos hipócritas e por aqueles que ambicionam as honras e alcançam uma insaníssima glória. Contra os quais se diz: *Se ainda agradasse aos homens, não seria servo de Cristo* (Gl 1,10) e pelo Profeta: *Os que procuram agradar aos homens, foram confundidos, porque Deus os desprezou,* e ainda: *Deus quebra os ossos dos que agradam aos homens* (Sl 52,6); e de novo o Apóstolo: *Não nos façamos ávidos da vanglória* (Gl 5,26); e ele novamente: *Mas cada um examine a sua obra e então terá glória somente em si mesmo e não em outro* (Gl 6,4). Portanto, não disse somente: *Para que vejam as vossas boas obras,* mas acrescentou: *E glorifiquem o vosso Pai, que está nos céus,* e exatamente porque pelas boas obras o homem agrada aos homens, não estabeleça ali o objetivo, para agradar aos homens, mas refira isso ao louvor de Deus e, por isso, agrade aos homens para que nisso se glorifique a Deus. Com efeito, àqueles que louvam convém que não honrem o homem, mas a Deus, como o Senhor mostrou naquele homem que lhe puseram à frente, de modo que, pela cura do paralítico, a multidão admirou seu poder, conforme está escrito no Evangelho: *Temeram e glorificaram a Deus por ter dado tal poder aos homens* (Mt 9,8). E Paulo, seu imitador, diz: *Mas somente tinham ouvido dizer: Aquele que outrora nos perseguia, agora prega a fé que noutro tempo impugnava; e por minha causa davam glória a Deus* (Gl 1,23-24).

Não vim abolir a Lei, mas cumpri-la.

7.19. Ora, depois de haver exortado os ouvintes a se prepararem para tudo suportar pela verdade e pela justiça e a não esconderem o bem que estavam por receber, mas aprenderem com tal benevolência para ensinarem aos outros, não referindo as suas boas obras ao seu louvor, mas à glória de Deus, começa a informar e a ensinar aquilo que devem ensinar, como se o tivessem pedido, dizendo: Eis que queremos suportar tudo por teu nome, e não esconder a tua doutrina. Mas o que é mesmo aquilo que proíbes esconder? E por que mandas suportar todas as coisas? Será que hás de dizer outras coisas, que contrariam aquelas que estão escritas na Lei? Não, disse: *Não julgueis que vim abolir a Lei e os Profetas; não vim abolir, mas cumprir* (Mt 5,17).

Na Lei, somos obrigados a levar a efeito também as mínimas coisas.

8.20. Nessa proposição existe um duplo significado; deve-se tratar de um e de outro. Pois quem diz: *Não vim abolir a Lei, mas cumpri-la*, afirma ou acrescenta aquilo que falta, ou aperfeiçoa aquilo que tem. Portanto, examinemos primeiramente aquilo que mencionei em primeiro lugar. Com efeito, quem acrescenta aquilo que falta, certamente não abole aquilo que encontra, antes confirma-o, conforme aperfeiçoa-o. Por isso, continua e diz: *Em verdade, eu vos digo, enquanto não passar o céu e a terra, não passará um só jota ou um pontinho da Lei, sem que tudo se cumpra* (Mt 5,18). Por isso, enquanto se realizam também as coisas que são acrescentadas para a perfeição, muito mais se realizam aquelas que são propostas para a iniciação. Mas aquilo que diz: *Não passará um só jota ou um pontinho da Lei*, não pode ser entendido de outra forma, senão como uma veemente expressão da perfeição, já que foi demonstrado em cada letra, das quais o jota é a menor, porque se faz com um único traço, e o pontinho é, então, um sinalzinho colocado acima dele. Com estas palavras, mostra que na Lei também as mínimas coisas são levadas a efeito. Depois acrescenta:

Aquele, pois, que violar um destes mandamentos menores, e ensinar assim aos homens, será considerado o menor no reino dos céus (Mt 5,19). Portanto, os menores mandamentos são simbolizados por um só jota e um só pontinho. Logo, *quem violar e ensinar assim*, isto é, segundo aquilo que viola em vez de segundo o que encontra e lê, *será considerado o menor no reino dos céus*; e talvez, por isso, não estará no reino dos céus, onde não podem estar senão os grandes. *Mas quem os guardar e assim ensinar, esse será considerado grande no reino dos céus. Mas quem os guardar*, isto é, quem não os violar e ensinar assim, segundo aquilo que não violou. Ora, quem *é considerado grande no reino dos céus*, segue-se que também esteja no reino dos céus, no qual os grandes são admitidos. Ora, a isso refere-se o que segue.

Que a nossa justiça exceda a justiça dos escribas e fariseus.

9.2l. *Porque eu vos digo que, se a vossa justiça não for maior do que a dos escribas e dos fariseus, não entrareis no reino dos céus* (Mt 5.20); isto é, no caso de não só não observardes os menores preceitos da Lei, que iniciam o homem, mas também estes que são acrescentados por mim, que não vim para abolir a Lei, mas para cumpri--la, *não entrareis no reino dos céus*. Mas tu me dizes: Se daqueles preceitos mínimos, dos quais se falava acima, disse que seria considerado mínimo no reino dos céus quem violasse um só deles e ensinasse segundo a sua solução; mas é considerado grande quem os cumprir e assim ensinar, e por isso, já há de estar no reino dos céus, porque é grande. Então, que necessidade existe de acrescentar alguma coisa aos mínimos preceitos da lei, se já pode estar no reino dos céus, porque é grande quem os cumprir e assim ensinar? Resposta: Aquela proposição deve ser entendida assim: *Mas quem a guardar e assim a ensinar, será chamado grande no reino dos céus*, isto é, não conforme os menores preceitos, mas conforme aqueles que eu hei de declarar. E quais são eles? Que a vossa justiça, afirma, supere a justiça dos escribas e dos fariseus, porque *se não superar, não entrareis no reino dos céus*. Portanto, quem violar aqueles mínimos preceitos e assim os ensinar, será considerado mínimo; mas quem observar aqueles mínimos preceitos e assim os ensinar, não deve já ser considerado grande e idôneo para o reino dos céus; todavia, não tão pequeno como aquele que os viola. Mas para que seja grande e apto para aquele reino, deve cumprir e ensinar como Cristo ensina agora, isto é, que sua justiça supere a justiça dos escribas e fariseus. A justiça dos fariseus é que não matem; a justiça daqueles que entrarão no reino de Deus, que não se irritem sem motivo. Portanto, o mínimo é não matar; e quem violar isso, será considerado mínimo no reino dos céus. Mas quem cumprir o preceito de não matar, não será grande e idôneo para o reino dos céus, mas já terá subido um degrau. Aperfeiçoar-se-á, caso não se irrite sem motivo; e se tiver alcançado a perfeição, estará muito distante do homicídio. Por isso, quem ensina que não nos irritemos, não viola a lei de não matar, antes a cumpre, de modo que tanto externamente, enquanto não matamos, como no coração, enquanto não nos irritamos, mantemos a inocência.

Qual a diferença entre o réu do juízo, o réu do conselho e o réu da geena de fogo.

9.22. Portanto, continua: *Ouvistes o que foi dito aos antigos: "Não matarás", e quem matar será réu de juízo. Pois eu vos digo que todo aquele que, sem motivo, se irar contra o seu irmão, será réu de juízo. E quem chamar "raca" a seu irmão, será réu do conselho. E quem lhe chamar louco, será réu da geena de fogo* (Mt 5,21-22). Que diferença existe entre o réu do juízo, o réu do conselho e o réu da geena de fogo? Com efeito, este último tem um tom muito mais grave e adverte que são feitos alguns graus, das penas mais leves para as mais graves até chegar à geena de fogo. E por isso, se é mais leve ser réu de juízo do que ser réu de conselho, também é mais leve ser réu de conselho do que ser réu da geena de fogo, é necessário que se entenda ser mais leve irar-se sem motivo contra o irmão do que dizer *raca*, e novamente se entenda ser mais leve dizer: *raca* do que dizer: *louco*. Pois a própria culpa não teria graduações, se também os pecados não fossem apresentados gradualmente.

O termo *raca* é obscuro, significando atacado de ânimo perturbado.

9.23. Ora, aqui um único termo é usado com significado obscuro, porque *raca* não é grego, nem latim; no sermão, os demais termos são usados em nossa língua. Alguns quiseram derivar do grego a interpretação dessa palavra, julgando que *raca* significava esfarrapado, porque farrapo em grego se diz ῥάχος. Todavia, aqueles aos quais se pergunta como se traduz para o grego esfarrapado, não respondem *raca*. Aliás, o tradutor latino, onde ocorreu *raca*, poderia traduzir esfarrapado e não usar uma palavra que na língua latina não existe e em grego não é usada. Mais provável, portanto, é o que ouvi de algum hebreu, quando lhe perguntei sobre isso. Disse-me que é um termo que não significa nada, mas exprime a disposição de espírito de quem está indignado. Os gramáticos chamam de interjeições essas pequenas partes da frase que indicam o impulso de um espírito perturbado, como quando quem sofre diz *ai* e quem está irado diz *arre*. São expressões próprias de cada língua e não se traduzem facilmente para outra língua. E isso, certamente, obrigou tanto o tradutor grego, quanto o latino a usar o mesmo termo, já que não encontravam como traduzi-lo.

Três acusações, de juízo, de conselho, e de geena de fogo.

9.24. Portanto, existem graus nesses pecados. Primeiramente, alguém se irrita e mantém a emoção que se formou no coração. Se depois a própria comoção arrancar de quem está indignado um termo que não significa nada, mas com a própria erupção atesta a emoção do espírito, de modo que com ela se ofende aquele contra o qual se irrita, o fato é, certamente, mais grave do que quando a ira que surge é mantida em silêncio. Mas se não só se ouve o som de quem está indignado, como também a palavra que indica e qualifica a ofensa àquele contra o qual se profere, quem duvida que isso é mais do que se só se ouvisse a expressão da indignação? Por isso, no primeiro caso existe um único dado, isto é, a ira somente; no segundo, há dois, tanto a ira quanto o som que indica a ira; no terceiro, há três, a ira, o som que indica a ira e o próprio termo que é expressão da ofensa certa. Examina, agora, também as três acusações: do juízo, do conselho, e da geena de fogo! Ora, no juízo ainda é dado um lugar à defesa. No conselho, porém, embora costume existir também o juízo, todavia, porque neste caso há alguma diferença, leva a supor que exista alguma distinção, pois parece que ao conselho pertence a emissão da sentença, já que não se discute com o próprio réu se ele deve ser condenado, mas os que julgam discutem entre si com que pena é oportuno condenar quem, evidentemente, deve ser condenado. A geena de fogo, então, não duvida da condenação conforme o juízo, nem da pena do condenado, segundo o conselho; na geena, realmente, é certa tanto a condenação, quanto a pena do condenado. Portanto, percebem-se alguns graus nas culpas e na acusação. Mas quem pode expressar em que termos são invisivelmente aplicadas as penas aos méritos das almas? Por isso, deve-se ouvir a diferença que existe entre a justiça dos fariseus e a justiça maior que introduz no reino dos céus, porque, já que é mais grave matar do que dirigir um insulto por palavra, naquela o homicídio torna merecedor do juízo, nesta é a ira que torna merecedor do juízo, embora seja o mais leve dos três pecados; porque ali os homens discutiam entre si o problema do homicídio, aqui, porém, tudo é remetido ao juízo divino, no qual o fim dos condenados é a geena de fogo. Mas quem tiver dito que com um suplício mais grave na maior justiça é punido o homicídio, se com a geena de fogo é punido o insulto, induz a pensar que existem diferenças de geenas.

Em três proposições, deve-se considerar o que as palavras subentendem.

9.25. Sem dúvida, nestas três proposições deve-se considerar o que as palavras subentendem. De fato, a primeira proposição contém todas as palavras necessárias para nada subentender: *Quem se irrita*, diz, *com seu irmão sem motivo será réu do juízo*. Na segunda, porém, quando afirma: *Mas quem chamar a seu irmão: raca*, subentende-se sem motivo, e assim acrescenta-se: *será réu do conselho*. Na terceira, enfim, quando diz: *Mas, quem disser: tolo* (Mt 5,22), são subentendidas duas coisas: tanto a seu irmão, como sem motivo. Justifica-se, então, que o Apóstolo chama tolos os Gálatas que também denominam irmãos; mas não faz isso sem motivo. Portanto, neste caso, deve-se subentender irmão, porque do inimigo fala-se depois, como também que ele deve ser tratado com uma justiça maior.

Somos mandados deixar a oferta diante do altar e ir reconciliar-nos com o irmão.

10.26. Depois continua: *Portanto, se estás para fazer a tua oferta diante do altar, e ali te lembrares que teu irmão tem alguma coisa contra ti, deixa lá a tua oferta diante do altar, vai reconciliar-te primeiro com teu irmão, depois vem fazer a tua oferta* (Mt 5,23-24). Aqui aparece sobretudo que acima falou-se de um irmão, porque a proposição que segue une-se à precedente com tal ligação que comprova a precedente. De fato, não diz: Mas se estás para oferecer a tua oferta diante do altar, mas disse: *Portanto, se estás para oferecer a tua oferta diante do altar*. Pois se não é lícito irar-se contra o irmão sem motivo, ou dizer: *raca*, ou dizer: *tolo*, muito menos é lícito manter alguma coisa na consciência, de modo que a indignação se transforme em ódio. A isso refere-se também aquilo que se diz em outro lugar: *Não se ponha o sol sobre a vossa ira* (Ef 4,26). Portanto, se estivermos para fazer a oferta diante do altar e nos lembrarmos que o irmão tem alguma coisa contra nós, somos mandados deixar a oferta diante do altar, ir reconciliar-nos com o irmão, depois vir e oferecer a oferta. Se a ordem for tomada ao pé da letra, talvez alguém creia que seria conveniente agir assim se o irmão estiver presente; pois não se pode adiar por muito tempo, já que te foi ordenado deixar tua oferta diante do altar. Porém, tratando-se de um ausente, o que pode acontecer, também que nos venha à mente alguém que reside além do mar, é absurdo pensar que se deve deixar a oferta diante do altar para oferecê-la a Deus depois de percorrer terras e mares. Por isso, na verdade, somos obrigados a recorrer a coisas espirituais, a fim de que o que se disse possa ser entendido sem absurdidades.

Espiritualmente, no templo interior de Deus, por altar podemos entender a própria fé.

10.27. Por isso, espiritualmente, no templo interior de Deus, por altar podemos entender a própria fé, cujo sinal é o altar visível. Com efeito, seja qual for a oferta que oferecemos a Deus – seja a profecia, seja a doutrina, seja a oração, seja o hino, seja o salmo, ou um outro qualquer dos dons espirituais que ocorrer ao espírito –, não pode ser aceita por Deus, a não ser que brilhe pela sinceridade da fé e, por assim dizer, for fixa e estavelmente posta sobre ele, de modo que aquilo que dizemos possa ser íntegro e ilibado. Pois, muitos hereges que não têm altar, isto é, a verdadeira fé, em vez do louvor pronunciaram blasfêmias, isto é, oprimidos por opiniões terrenas, por assim dizer, lançaram por terra a sua oferenda. Porém, deve ser reta também a intenção de quem oferece. E por isso, quando estivermos para oferecer algum desses dons no nosso coração, isto é, no templo interior de Deus –, porque diz o Apóstolo: *É santo o templo de Deus, que sois vós* (1Cor 3,17), e: *No interior do homem habite Cristo pela fé nos vossos corações* (Ef 3,16-17) –, se nos vier à mente que um irmão nosso tem algo contra nós, isto é, se de algum modo o ofendemos, então é ele que tem algo contra nós; mas, nós temos algo contra ele, se ele nos ofendeu; então, não é necessário ir reconciliar-se; afinal, não deverás pedir desculpa àquele que te ofendeu, mas apenas perdoar-lhe, como desejas que te seja perdoado pelo Senhor aquilo que cometeste. Portanto, devemos ir reconciliar-nos quando nos vier à mente que eventualmente ofendemos o irmão e não devemos ir com os pés do corpo, mas com as atitudes da consciência, para que com humilde afeto nos prostremos diante do irmão, ao qual corremos com um pensamento afetuoso, enquanto estávamos na presença daquele ao qual deveríamos oferecer o dom. Assim, pois, também se estiver presente, poderás acalmá-lo com um sincero ato de espírito e chamá-lo de volta ao amor pedindo perdão, se antes o pediste a Deus, porque foste ao irmão não com um tardio movimento do corpo, mas com um rápido sentimento de afeto. E retornando, isto é, voltando a intenção para aquilo que começaste a fazer, oferecerás teu dom.

Deve-se correr para a reconciliação se, por acaso, ofendemos o irmão.

10.28. Mas quem se comporta de modo a não se irar, sem motivo, com seu irmão, ou, sem motivo, lhe disser *raca*, ou, sem motivo, o chamar de *tolo*, ou que seja muito soberbo? Ou se, talvez, caiu em alguma dessas culpas, de ânimo contrito não pede perdão, que é o único remédio, a não ser que esteja inchado de vá presunção? Portanto, *bem-aventurados os pobres de espírito, porque deles é o reino dos céus* (Mt 5,3). Mas logo vejamos o que segue!

A alegria dos prêmios divinos ao servo que a merece

(11.29-32)

Põe-te de acordo com teu adversário.

11.29. *Põe-te de acordo com teu adversário, enquanto estás a caminho com ele, para que não suceda que o adversário te entregue ao juiz, e o juiz te entregue ao seu ministro, e sejas posto na prisão. Em verdade te digo: Não sairás de lá antes de ter pago o último centavo* (Mt 5,25-26). Entendo quem é o juiz: *O Pai a ninguém julga, mas deu ao Filho todo o poder de julgar* (Jo 5,22). Entendo quem é o ministro: *E os anjos o serviram* (Mt 4,11); e cremos que há de vir com seus anjos para julgar os vivos e os mortos (cf. 2Tm 4,1). Compreendo o que é a prisão: isto é, as penas das trevas, que em outro lugar diz serem exteriores (cf. Mt 8,12; 22,12; 25,30). Por isso, creio que a alegria dos prêmios divinos esteja no interior da própria inteligência ou na faculdade mais íntima que pensar se possa, da qual se diz ao servo que a merece: *Entra no gozo do teu Senhor* (Mt 25,23); do mesmo modo também que nesta ordenação do Estado quem é posto no cárcere é lançado para fora pelo tribunal ou pela pretoria do juiz.

O pagamento do último centavo.

11.30. Mas sobre o pagamento do último centavo, provavelmente pode-se interpretar que nada deixará de ser punido, como também dizemos: até o fim, quando queremos expressar algo tão exato que nada reste, ou que com o termo último centavo sejam simbolizados os pecados terrenos. Pois a terra é a quarta parte e também a última dos membros deste mundo, de modo que comeces pelo céu, em segundo lugar o ar, em terceiro a água e em quarto a terra. Portanto, pode-se convenientemente interpretar o que se disse: *antes de ter pago o último centavo* (Mt 5,26), até pagares os pecados terrenos; exatamente isso também foi ouvido pelo pecador: *És terra e à terra voltarás* (Gn 3,19). Mas até pagares o que foi dito, admiro-me se a pena não significar aquela que é chamada eterna. Porém, onde se pagará aquele débito quando já não há lugar de arrepender-se e de viver mais corretamente? Talvez aqui se tenha posto a expressão até pagares, como naquele lugar onde se disse: *Senta-te à minha direita, até que ponha os teus inimigos como escabelo de teus pés* (Sl 109,1); com efeito, quando os inimigos forem postos sob os seus pés, Ele não deixará de sentar-se à direita; ou aquilo que diz o Apóstolo: *Porque é necessário que Ele reine até que ponha todos os inimigos debaixo de seus pés* (1Cor 15,25); afinal, quando forem postos, não deixará de reinar. Portanto, como lá se entende que há de reinar para sempre aquele do qual se diz: *é necessário que Ele reine, até que ponha os inimigos sob os pés*, porque sempre eles estão sob os pés, aqui pode-se entender que aquele ao qual foi dito: *Não sairás enquanto não pagares o último centavo,* nunca sairá, porque sempre pagará o último centavo, enquanto paga as penas eternas dos pecados da terra. E não teria dito isso assim para que pareça que evitei um tratado mais atento sobre as penas dos pecados, que nas Escrituras se dizem eternas, embora, seja de que modo forem, devem antes ser evitadas do que serem sabidas.

Vejamos quem é o adversário.

11.31. Mas vejamos agora quem é o adversário, com o qual somos mandados entrar logo de acordo, enquanto estivermos a caminho com ele! Pois, ou é o demônio, ou o homem, ou a carne, ou Deus ou um preceito seu. Ora, não vejo como sejamos mandados entrar em acordo ou ser complacentes com o demônio; pois aquilo que em grego se diz εὐνοῶν alguns traduziram por *de acordo*, outros por *complacente*. Mas não somos obrigados a mostrar benevolência com o demônio – pois onde há benevolência, ali há amizade –, e alguém não teria dito que se deve fazer amizade com o demônio, pois não é admissível concordar com ele, já que renunciando a ele uma vez para sempre declaramos-lhe guerra e seremos coroados por tê-lo vencido, nem é admissível sermos condescendentes com ele, porque se nunca tivéssemos sido condescendentes, jamais teríamos caído nestas misérias. Quanto ao homem, porém, embora nos seja ordenado ter com todos tanta paz quanto pudermos (cf. Rm 12,18), onde, na verdade, é possível encontrar benevolência, concórdia e condescendência, não vejo, porém, como entenderei ser entregue ao juiz pelo homem, no qual entendo Cristo juiz, *pois é necessário que todos nós compareçamos diante do tribunal de Cristo* (cf. 2Cor 5,10), conforme diz o Apóstolo. Portanto, como há de ser entregue ao juiz quem, igualmente, será apresentado ao juiz? Mas se é apresentado ao juiz precisamente porque ofendeu um homem, embora não entregue quem foi ofendido, muito mais facilmente se conclui que pela própria Lei o réu é entregue porque agiu contra ela ao ofender um homem. Porque também, se alguém prejudicou um homem matando-o, já não haverá tempo no qual concordar com ele, porque já não está com ele a caminho, isto é, nesta vida. Todavia, será igualmente curado arrependendo-se e, pelo sacrifício de um coração contrito, recorrendo à misericórdia daquele que perdoa os pecados dos que se converteram a Ele e que se alegra mais por um único penitente do que por noventa e nove justos (cf. Lc 15,7). Muito menos vejo como possamos ser mandados ser benevolentes, de acordo e condescendentes, com a carne. Com efeito, os pecadores amam sua carne, concordam e são condescendentes com ela; porém, os que a sujeitam pela escravidão, não lhe são condescendentes, mas obrigam-na a consentir com eles.

Condescende à Escritura divina quem a lê ou a ouve piedosamente, concedendo-lhe a máxima autoridade.

11.32. Portanto, talvez sejamos mandados a condescender a Deus e ser-lhe benévolos para reconciliar-nos com Ele, do qual, pecando, nos afastamos, para que possa ser considerado nosso adversário. De fato, corretamente se diz que é adversário daqueles aos quais resiste, pois *Deus resiste aos soberbos e dá a sua graça aos humildes* (Tg 4,6); e *o princípio de todo o pecado é a soberba, mas o princípio da soberba do homem é afastar-se de Deus* (Eclo 10,14-15); e o Apóstolo diz: *Se, sendo nós inimigos, fomos reconciliados com Deus pela morte de seu Filho, muito mais, estando já reconciliados, seremos salvos por sua vida* (Rm 5,10). Disso pode-se compreender que não existe nenhuma natureza má inimiga de Deus, porque, na verdade, reconciliam-se com Ele os que lhe foram inimigos. Portanto, quem neste caminho, isto é, nesta vida, não estiver reconciliado com Deus mediante a morte de seu Filho, será por Ele entregue ao juiz, porque *o Pai não julga a ninguém, mas deu ao Filho todo o poder de julgar* (Jo 5,22). E assim seguem-se todas as outras coisas que estão escritas neste capítulo, das quais já tratamos. Há uma única coisa que causa dificuldade a esta compreensão, isto é, como se pode corretamente dizer que nós estamos a caminho com Deus, se neste mesmo lugar Ele próprio deve ser considerado adversário dos ímpios, e com Ele nos é ordenado reconciliar-nos prontamente, a não ser talvez que, assim como Ele está em toda a parte, também nós, enquanto estamos ainda a caminho, estamos, evidentemente, com Ele. Pois, *se subo ao céu, tu lá estás; se desço ao inferno, nele te encontras. Se tomar asas ao romper da aurora e for habitar no extremo do mar, ainda lá me guiará a tua mão e me tomará a tua direita* (Sl 138,8-10). Ou se não agrada dizer que os ímpios estão com Deus, embora Deus esteja presente em toda a parte – como não pensamos que os cegos estejam na luz, embora a luz cerque totalmente seus olhos –, então resta uma só coisa, que aqui por adversário entendemos o preceito de Deus, isto é, sua Lei e a Escritura divina, que nos foi dada para esta vida, para que esteja conosco no caminho, e que não se deve contradizer, para que não nos entregue ao juiz, mas convém sermos condescendentes com ela. Realmente, ninguém sabe quando deverá sair desta vida. Mas é condescendente com a Escritura divina quem a lê ou a ouve piedosamente porque lhe atribui a máxima autoridade. Por isso não odeia aquilo que compreendeu, embora perceba que é contrário aos próprios pecados;

antes ama mais a sua correção e se alegra que não é poupado de seus males enquanto não estiver curado; e aquilo que lhe parecer obscuro ou absurdo, não lhe desperte as lutas das contradições, mas ore para compreender e recorde que se deve devoção e respeito a uma autoridade tão grande. Mas quem se comporta assim senão aquele que se apressa a abrir e conhecer o testamento do Pai, não com a ameaça de litígio, mas com mansa piedade? Portanto, *bem-aventurados os mansos, porque possuirão a terra em herança* (Mt 5,4). Vejamos o que segue!

Bem-aventurados os que choram, porque serão consolados
Bem-aventurado quem não cometer adultério no coração

(12.33-36)

É justiça menor não cometer adultério pela união dos corpos, é justiça maior do reino de Deus não cometer adultério no coração.

12.33. *Ouvistes o que foi dito: Não cometerás adultério. Eu, porém, vos digo que todo aquele que olhar para uma mulher e a cobiçar, já cometeu adultério no seu coração* (Mt 5,27-28). Portanto, é justiça menor não cometer adultério pela união dos corpos, e justiça maior do reino de Deus é não cometer adultério no coração. Por isso, quem não comete adultério no coração, com muito maior facilidade evita cometê-lo no corpo. Portanto, confirmou-o aquele que o ordenou, pois não veio para abolir a Lei, mas para confirmá-la (cf. Mt 5,17). Sem dúvida, deve-se considerar que não disse: *Todo* o que cobiçar uma mulher, mas: *Quem olhar para uma mulher e a cobiçar*, isto é, observá-la com este fim e com este espírito de cobiçá-la; e isso já não significa ser estimulado pelo prazer da carne, mas consentir plenamente à sensualidade, de modo a não moderar o impulso ilícito, mas saciá-lo se a ocasião lhe for dada.

Estímulo, conselho, prazer, consentimento.

12.34. Ora, são precisamente três os atos pelos quais se comete o pecado: pelo estímulo, pelo prazer e pelo consentimento. O estímulo acontece tanto pela memória quanto pelos sentidos do corpo, quando vemos, ouvimos, cheiramos, provamos ou tocamos alguma coisa. E se o ato de perceber causar prazer, deve-se refrear o prazer ilícito. Por exemplo, quando jejuamos e, à vista dos alimentos, surgir o desejo do gosto, isso não causa senão prazer; todavia, a ele não consentimos e o reprimimos com o imperativo da razão que domina. Mas se houver consentimento, acontecerá plenamente o pecado, conhecido por Deus em nosso coração, embora não se torne conhecido aos homens. Portanto, assim são estes graus, como se o estímulo acontecesse pela serpente, isto é, de um movimento corrente e volúvel dos corpos, ou seja, posto no tempo; porque, mesmo que tais emoções aconteçam por dentro, na alma, são atraídas para o exterior pelo corpo. E se além dos cinco sentidos algum movimento oculto do corpo influir sobre a alma, também ele é posto no tempo e é corrente. Por isso, quanto mais ocultamente cair para atingir a consciência, tanto mais convenientemente é comparado a uma serpente. Logo, estes três momentos, como comecei a dizer, são semelhantes ao acontecimento que está escrito no *Gênesis*, no sentido de que pela serpente se realizam o estímulo e um determinado conselho, mas no desejo sensual, como o prazer em Eva, e na consciência, como o consenso no homem (cf. Gn 3,1-7; 2Cor 11,3). Realizados estes atos, o homem é expulso do paraíso, isto é, da beatíssima luz da justiça para a morte. Absolutamente justíssimo. De fato, quem aconselha não obriga. E todos os seres não belos na própria ordem e em seus graus, mas não se deve voltar dos graus superiores, nos quais foi ordenada a alma racional, para os inferiores. E ninguém é obrigado a fazer semelhante ação; e por isso, se o fizer, é punido pela justa Lei de Deus; pois não comete isso contra a vontade. Na verdade, o prazer antes do consenso ou não é nada, ou é tão leve que quase não existe; e consentir a ele é um grande pecado, já que é ilícito. Mas se alguém consente, comete pecado no coração. Se, porém, chegar ao ato, parece saciar-se e extinguir a cobiça. Mas depois, quando o estímulo se repetir, acende-se um prazer maior que, todavia, é muito inferior àquele que com ações assíduas se traduz em hábito. Com efeito, é muito difícil vencê-lo. E, todavia, se alguém não negligencia e não foge do bom combate cristão, superará também semelhante hábito, tendo Deus por guia e ajuda. Assim, voltado para a primitiva paz e ordem, tanto o homem se submete a Cristo quanto a mulher ao homem (cf. 1Cor 11,3).

Do próprio pecado, há três diferenças: no coração, no ato, no hábito.

12.35. Por conseguinte, assim como se chega ao pecado por três graus: pelo estímulo, pelo prazer e pelo consenso, da mesma forma são três as diferenças do pecado: no coração, no ato, no hábito, como que três mortes: uma, por assim dizer, em casa, isto é, quando se consente à sensualidade no coração; a segunda já mostrada como que fora da porta, quando o consenso se traduz em ato; a terceira, quando pela força do mau hábito, quando a alma é oprimida por um monte de terra, como se já cheirasse mal no sepulcro. Quem lê o *Evangelho* sabe que o Senhor ressuscitou estes três tipos de mortos.

E talvez considera que diferenças tem também a própria palavra que faz ressuscitar, já que num lugar diz: *Menina, levanta-te* (Mc 5,41) e em outro lugar: *Jovem, eu te digo, levanta-te* (Lc 7,14); e em outro: *Comoveu-se profundamente, chorou e de novo se comoveu e depois bradou em alta voz: Lázaro, vem para fora* (Jo 11,33.35.43).

Toda a má concupiscência, corretamente, chama-se fornicação.

12.36. Por isso, pelo termo adultério, considerado neste capítulo, é oportuno compreender toda a concupiscência carnal e libidinosa. Pois, já que repetidamente a Escritura considera a idolatria uma fornicação, enquanto o apóstolo Paulo chama a avareza pelo nome de idolatria (cf. Ez 16,15-22; Os 4,11-12; Cl 3,5), quem duvida que toda a má concupiscência seja corretamente chamada de fornicação, quando a alma, tendo negligenciado a lei superior pela qual é guiada, avilta-se como uma prostituta, a título de compensação, com o obsceno prazer das coisas abjetas? E, por isso, quem sente que o prazer carnal se revolta contra sua reta vontade mediante o hábito dos pecados, não sendo reprimido e pela violência é arrastada para a escravidão, recorde, quanto pode, qual a paz que perdeu pelo pecado, e exclame: *Infeliz de mim! Quem me livrará deste corpo de morte? Somente a graça de Deus por Jesus Cristo, nosso Senhor* (Rm 7,24-25). Pois assim, quando se reconhece infeliz, chorando implora o auxílio do consolador. E não é uma pequena aproximação da bem-aventurança o conhecimento da própria infelicidade; e por isso também: *Bem-aventurados os que choram, porque serão consolados* (Mt 5,5).

Bem-aventurados os que têm fome e sede de justiça porque serão saciados

(13.37–18.54)

Na verdade, aqui é necessária uma grande coragem para cortar os membros.

13.37. Depois continua e diz: *Por isso, se o teu olho direito é para ti causa de escândalo, arranca-o e lança-o para longe de ti, porque é melhor para ti que se perca um dos teus membros, do que todo o teu corpo ser lançado na geena* (Mt 5,29). Na verdade, aqui é necessária uma grande coragem para cortar os membros. Seja qual for o significado do olho, sem dúvida, é algo que se deve amar com veemência. Geralmente, daqueles que querem expressar a força do próprio afeto se diz: Amo-o como a meus olhos, ou também: mais do que a meus olhos. Mas quando se acrescenta o direito, talvez sirva para aumentar o vigor do afeto. De fato, embora os olhos do corpo sirvam para ver juntos e se ambos servem com igual função, todavia, os homens temem mais perder o olho direito. Para que o sentido seja o seguinte: Pois, o que quer que ames de tal maneira que o consideres o olho direito, *se te escandalizar*, isto é, se é para ti um impedimento para a verdadeira bem-aventurança, *arranca-o e lança-o para longe de ti, porque é melhor para ti que se perca um deles,* que amas de tal modo que estão unidos a ti como membros, *do que todo o corpo ser lançado na geena.*

Como no olho se entende a contemplação, assim na mão corretamente entende-se a ação.

13.38. Mas porque continua a falar da mão direita e dela diz igualmente: *E se a tua mão direita é para ti causa de escândalo, corta-a e lança-a para longe de ti, porque é melhor para ti que se perca um dos teus membros do que todo o teu corpo ser lançado na geena* (Mt 5,30), por isso, obriga-nos a examinar mais atentamente o que pensou dizer por olho. Nesta questão, não me ocorre nada que seja mais apropriado do que um caríssimo amigo. Pois, na verdade, é ele que podemos corretamente considerar um membro que amamos ardentemente, e este é conselheiro, porque é o olho que mostra o caminho, e nas coisas divinas, porque é direito, para que o esquerdo seja um conselheiro, mas nas coisas terrenas, que se referem à necessidade do corpo; era até supérfluo falar dele como motivo de escândalo, já que, na verdade, nem se deve poupar o direito. Nas coisas divinas, porém, o conselheiro é motivo de escândalo se, sob o pretexto da religião e da doutrina, tenta induzir a alguma heresia perniciosa. Portanto, tanto a mão direita seja considerada um querido ajudante e colaborador nas obras divinas – pois, como no olho se entende a contemplação, assim na mão corretamente se entende a ação – para que a mão esquerda seja entendida nas coisas que são necessárias à vida e ao corpo.

Para que a mulher não seja facilmente despedida, o Senhor aceita como única causa a fornicação.

14.39. *Também foi dito: Aquele que repudiar sua mulher, dê-lhe o libelo de repúdio* (Dt 23,1; Mt 5,31). Esta justiça menor é própria dos fariseus e a ela não é contrário aquilo que diz o Senhor: *Eu, porém, vos digo:*

todo aquele que repudiar sua mulher, a não ser por causa de fornicação, expõe-na ao adultério, e o que desposar a repudiada, comete adultério (Mt 5,32). Com efeito, quem mandou dar o libelo de repúdio, não mandou que a mulher fosse repudiada; mas diz: *Quem a repudiar, dê--lhe o libelo de repúdio*, a fim de que o pensamento do libelo modere a temerária ira de quem repudia. Portanto, quem pediu uma demora em demitir, indicou, quanto pôde, a homens duros que não queria a separação. E por isso, em outro lugar, interrogado sobre isso, o próprio Senhor respondeu assim: *Moisés permitiu isso por causa da dureza do vosso coração* (Mt 19,8). Com efeito, embora aquele que queria demitir a mulher fosse duro, facilmente ter-se-ia pacificado, se pensasse que, com a entrega do libelo de repúdio, já sem perigo ela poderia casar-se com outro. Portanto, para confirmar que a mulher não fosse despedida facilmente, o Senhor admitiu como única causa a fornicação; e ordena que todas as outras dificuldades, se por acaso existirem, sejam corajosamente suportadas com a fidelidade conjugal e com a castidade. E afirma que é adúltero também o homem que se casar com uma mulher demitida pelo marido. O apóstolo Paulo mostra o limite dessa obrigação, porque diz que se deve observar isso enquanto o homem viver; depois de sua morte, porém, dá licença de se casar (cf. Rm 7,2). De fato, ele também manteve essa regra e nela, não um critério seu como em algumas admoestações, mas mostrou o preceito do Senhor que ordena, quando diz: *Quanto àqueles que estão unidos em matrimônio, mando, não eu, mas o Senhor, que a mulher não se separe do marido; e, se ela se separar, fique sem casar, ou se reconcilie com seu marido. O marido igualmente não repudie sua mulher* (1Cor 7,10-11). Creio que dessa forma, se a demitiu, o marido não se case com outra, ou se reconcilie com a mulher. Mas pode acontecer que demita a mulher por causa da fornicação, que o Senhor quis excluir. Ora, se a ela não é lícito casar-se, enquanto o marido, do qual se separou, estiver vivo, nem a ele é lícito casar-se com outra enquanto estiver viva aquela que demitiu, muito menos é consentido ter relações ilícitas com qualquer mulher. Realmente, deve-se considerar mais felizes os matrimônios que, quer depois de ter posto os filhos no mundo, quer também pela recusa dessa prole terrena, tenham podido, com recíproco consenso, observar a continência entre si, porque isso não acontece contra o mandamento com o qual o Senhor proíbe repudiar a mulher – afinal não repudia quem convive com ela não segundo a carne, mas segundo o espírito –, e se observa aquilo que é dito pelo Apóstolo: *No mais, resta que os que têm mulheres, sejam como se não as tivessem* (1Cor 7,29).

Quem não odiar as coisas passageiras, ainda não ama a vida eterna.

15.40. Geralmente perturba mais o espírito dos pequenos, que, todavia, já procuram viver segundo os preceitos de Cristo, aquilo que em outro lugar o Senhor diz: *Se alguém vem a mim e não odeia seu pai, sua mãe, sua mulher, seus filhos, seus irmãos, suas irmãs e até a sua vida, não pode ser meu discípulo* (Lc 14.26). Ora, aos menos inteligentes pode parecer contraditório que numa passagem proíba demitir a mulher, exceto no caso de fornicação, e noutra, porém, negue que possa ser seu discípulo alguém que não odeie a mulher. Se dissesse isso por causa da união carnal, não poria no mesmo plano o pai, a mãe e os irmãos. Mas quanto é verdadeiro que *o reino dos céus se adquire à força, e são os violentos que o arrebatam!* (Mt 11,12). Ora, quanta força é necessária para que o homem ame os inimigos e odeie o pai, a mãe, a mulher, os filhos e os irmãos! Na verdade, ordena ambas as coisas quem chama para o reino dos céus. E que essas coisas não são contraditórias entre si é fácil mostrar pelo próprio guia; mas uma vez compreendidas é difícil pô-las em prática, embora também isso, com sua ajuda, é muito fácil. Com efeito, o reino eterno ao qual se dignou chamar seus discípulos, que também chama irmãos (cf. Mt 12,49), não tem tais laços temporais. Pois, *não há judeu, nem grego, não há servo, nem livre, não há homem nem mulher. Todos vós sois um só em Jesus Cristo* (Gl 3,28; Cl 3,11). E o próprio Senhor diz: *Na ressurreição, nem os homens terão mulheres, nem as mulheres maridos, mas serão como os anjos de Deus no céu* (Mt 22,30). É necessário, portanto, que quem, desde já, quiser meditar sobre a vida daquele reino, não odeie os próprios homens, mas esses laços temporais pelos quais se sustenta esta vida que passa com o nascer e com o morrer. Quem não odeia isso, ainda não ama aquela vida, na qual não existirá a condição de nascer e de morrer, que une as relações terrenas.

Amemos aquilo que conosco pode ser levado para aquele reino.

15.41. Por isso, se eu interrogar um bom cristão que, contudo, tem mulher e com ela ainda gera filhos, se naquele reino quer tê-la por mulher, certamente, recordado das promessas de Deus e daquela vida, onde o que é corruptível será revestido de incorruptibilidade e o que é mortal será revestido de imortalidade (cf. 1Cor 15,53), já atraído por um grande ou, certamente, por algum amor por aquela vida, com horror, responderá que absolutamente não quer. E se novamente eu o interrogar, se depois da ressurreição, adquirida a mudança angélica que é prometida aos santos, ele quer viver com ela, responderá com tanto vigor que quer como aquele respondeu que não quer. Assim se verá que o bom cristão ama na mulher uma criatura de Deus, e quer que seja reformada e renovada, mas odeia a união e a relação corruptível e mortal, isto é, ama nela porque é um ser humano, mas odeia que é mulher. Assim, também ama o inimigo, não enquanto é inimigo, mas enquanto é ser humano, para que a ele aconteça o que quer para si, isto é, para que corrigido e renovado chegue ao reino dos céus. Isso deve ser entendido também quanto ao pai, à mãe e aos outros vínculos sanguíneos (cf. Lc 14,26), para que neles odiemos aquilo que o gênero humano obteve com o nascimento e com a morte, mas amemos aquilo que conosco pode ser levado para o reino dos céus, onde ninguém diz meu pai, mas todos dizemos *Pai nosso* (Mt 23,9) ao único Deus; não dizem minha mãe, mas todos dizemos àquela Jerusalém mãe nossa (cf. Gl 4,26); nem dizem irmão meu, mas para todos dizemos irmão nosso (cf. Mt 23,8). Na verdade, para nós reunidos a Ele, a unidade será como de um único cônjuge (cf. 2Cor 11,2), que nos libertou da prostituição deste mundo com a efusão de seu sangue. É necessário, portanto, que o discípulo de Cristo odeie os bens que passam naqueles que deseja que venham com ele aos bens que permanecem para sempre; e tanto mais odeie isso neles, quanto mais os ama.

O que, no matrimônio dos cristãos, é excelentíssimo e sublime.

15.42. Por isso, o cristão pode viver em concórdia com a mulher, quer suprindo a necessidade carnal com ela e isso, como diz o Apóstolo, por condescendência, não por obrigação (cf. 1Cor 7,3-6), quer para obter a propagação dos filhos, e isso em certo sentido pode ser louvável, quer para ter uma sociedade fraterna sem união dos corpos, tendo uma mulher como se não a tivesse (cf. 1Cor 7,29), o que, no matrimônio dos cristãos, é excelentíssimo e sublime, contanto que odeie nela o pretexto da necessidade temporal e ame a esperança da bem-aventurança sempiterna. De fato, odiamos sem dúvida aquilo que desejamos que no fim não exista, como esta própria vida do tempo presente que, se não a odiássemos porque no tempo, não desejaríamos a futura, que não está sujeita ao tempo. Ora, para esta vida foi criada a alma, da qual ali foi dito: *Além disso, quem não odiar também sua alma, não pode ser meu discípulo* (Lc 14,26). Pois a esta vida é necessário este alimento corruptível, do qual o Senhor diz: *Porventura, não vale mais a vida do que o alimento?* (Mt 6,25), isto é, esta vida à qual é necessário o alimento. E quando diz que dá a própria vida por suas ovelhas (cf. Jo 10,15), certamente, fala desta vida, pois afirma que há de morrer por nós.

No direito do matrimônio, a fórmula é igual entre o homem e a mulher.

16.43. Aqui surge outro problema: Já que o Senhor permite demitir a mulher por causa de fornicação, indaga-se em que sentido, nesta passagem, deve-se entender a fornicação: se no sentido em que todos entendem, isto é, se cremos chamar-se fornicação aquela que se comete em atos libidinosos, ou como costumam chamar de fornicação as Escrituras, como se disse acima, toda a corrupção ilícita, como é a idolatria e a avareza e, por isso, também toda a transgressão da Lei por causa da concupiscência ilícita. Mas consultemos o Apóstolo, para não dizermos alguma coisa temerariamente! Diz: *Quanto àqueles que estão unidos em matrimônio, mando, não eu, mas o Senhor, que a mulher não se separe do marido; e, se ela se separar, fique sem casar ou se reconcilie com seu marido* (1Cor 7,10-11). Ora, pode acontecer que se separe por uma causa que o Senhor permitiu. Ou se à mulher é permitido repudiar o marido, também sem a causa da fornicação e não é permitido ao marido, o que haveremos de responder sobre aquilo que diz depois: *E igualmente o marido não repudie a mulher?* (1Cor 7,11). Por que não acrescentou: *a não ser por causa de fornicação*, o que o Senhor permitiu, senão porque quer que se entenda a mesma fórmula, isto é, se a repudiou – o que é permitido no caso de fornicação –, permaneça sem mulher ou se reconcilie com a mulher? Realmente, o homem não se teria reconciliado mal com aquela mulher que, já que ninguém ousou apedrejá-la, o Senhor lhe disse: *Vai, e cuida de não pecar mais* (Jo 8,3-11). Porque também quem diz: Não é lícito repudiar a mulher a não ser em caso de fornicação, obriga a conservar a mulher se não existir o motivo da fornicação; porém, se existir, não obriga a repudiar, mas permite. Como se diz: Não é lícito à mulher casar-se com outro, a não ser depois da morte do marido; se se casar antes da morte do marido, é culpada; mas se depois da morte do marido não se casar, não é culpada, porque não lhe foi mandado casar-se, mas permitido (cf. 1Cor 7,39). Portanto, se neste direito do matrimônio a fórmula entre o homem e a mulher é igual, a ponto de não só à mulher o mesmo Apóstolo ter dito: *A mulher não tem poder sobre o seu corpo, mas sim o marido*, mas também quanto a ele não se calou, dizendo: *E da mesma sorte, o marido não tem poder sobre o seu corpo, mas sim a mulher* (1Cor 7,4). Portanto, se a fórmula é semelhante, não se deve pensar que é lícito à mulher repudiar o marido, salvo o caso de fornicação, como não é lícito ao marido.

No conselho do Apóstolo, uma coisa é o que se ordena, outra o que se aconselha, outra o que se perdoa.

16.44. Por isso, deve-se considerar em que sentido devemos entender a fornicação, e, como já iniciamos, consultar o Apóstolo. Ora, ele continua e diz: *Aos outros, sou eu que lhes digo, não o Senhor* (1Cor 7,12). Aqui, primeiramente, deve-se considerar quem são *os outros*; de fato, acima, em nome do Senhor, falava aos que estão no vínculo conjugal, agora, porém, em seu próprio nome, fala aos outros. Portanto, talvez, àqueles que não estão no vínculo conjugal. Mas isso não se conclui, pois acrescenta: *Se algum irmão tem uma mulher sem fé, e esta consente habitar com ele, não a repudie*. Portanto, também aqui fala daqueles que estão no vínculo conjugal. Que significa, pois, o que diz: *Aos outros*, a não ser que acima falava àqueles que estavam tão unidos que ambos estavam na fé de Cristo; agora, porém, fala aos outros, isto é, àqueles que estão tão unidos sem ambos serem cristãos? Mas, o que diz a eles? *Se algum irmão tem uma mulher sem fé, e esta consente habitar com ele, não a repudie; e se uma mulher crente tem um marido sem fé, e este consente* *habitar com ela, esta não deixe seu marido* (1Cor 7,12-13). Portanto, se não ordena em nome do Senhor, mas admoesta em seu próprio nome, isso também é bom, de modo que quem se comportar diversamente não é um transgressor do preceito. Como sobre as virgens, pouco depois diz não ter um preceito do Senhor, mas que dá um conselho e assim louva a virgindade, de modo a atrair aquela que a quiser, mas não de maneira que se não a cumprir, seja julgada como tendo agido contra o preceito (cf.1Cor 7,25-28). Afinal, uma coisa é o que se ordena, outra o que se aconselha, outra o que se perdoa. Ordena-se que a mulher *não se separe do marido; se se separar, permaneça sem se casar ou se reconcilie com o marido.* Portanto, não é lícito agir diversamente. Porém, aconselha o homem cristão, se tem uma mulher sem fé que consente habitar com ele, que não a repudie. Portanto, tanto é lícito repudiar, porque não é um preceito do Senhor de não repudiar, mas um conselho do Apóstolo; como aconselha a virgem a não se casar, mas se se casar, na verdade não manterá o conselho, mas não age contra o preceito. Todavia, perdoa-se quando se diz: *Mas digo-vos isso por condescendência, não por mandamento* (1Cor 7,6). Por isso, se é lícito que se repudie o cônjuge sem fé, embora seja melhor não repudiar e, todavia, não é lícito, segundo o preceito do Senhor, repudiar o cônjuge, a não ser por causa de fornicação, também a própria falta de fé é fornicação.

Alguns infiéis podem chegar à fé mediante os cônjuges fiéis.

16.45. Mas, o que dizes tu, Apóstolo? Certamente, que o homem fiel não repudie a mulher sem fé que consente habitar com ele. Assim, afirma. Portanto, já que também o Senhor ordena que o homem não repudie a mulher a não ser por causa de fornicação, por que aqui dizes: *Digo eu, não o Senhor?* (1Cor 7,12). Evidentemente, porque a idolatria praticada pelos infiéis e qualquer superstição danosa é fornicação. No caso de fornicação, porém, o Senhor permitiu repudiar a mulher, mas, porque permitiu não ordenou, deu ocasião ao Apóstolo de aconselhar que quem quiser não repudie a mulher sem fé, porque assim, talvez, poderia tornar-se cristã. *O marido sem fé, diz, é santificado pela mulher fiel, e a mulher sem fé é santificada pelo marido fiel* (1Cor 7,14). Creio já ter acontecido que algumas mulheres tenham chegado à fé por intermédio dos maridos cristãos e os maridos por meio das mulheres cristãs; e, embora não diga os nomes, todavia, exortou com os exemplos para confirmar seu conselho. Depois, continua: *Caso contrário, os vossos filhos seriam impuros, enquanto que agora são santos* (1Cor 7,14). Com efeito, já existiam meninos cristãos, que tinham sido santificados ou por ação de um dos pais ou pelo consenso de ambos. E isso não teria acontecido se pelo único crente o matrimônio fosse dissolvido e não fosse tolerada a falta de fé do cônjuge até a oportunidade de crer. Portanto, este é o conselho daquele ao qual, penso, foi dito: *Quanto gastares a mais, pagar-te-ei quando voltar* (Lc 10,35).

A avareza é uma fornicação.

16.46. Na verdade, se a falta de fé é fornicação e se idolatria é falta de fé e a avareza, idolatria, não se deve duvidar que também a avareza é fornicação. Portanto, quem já pode distinguir corretamente qualquer ilícito desejo do conceito geral de fornicação, se a avareza é fornicação? Daí compreende-se que, por causa das concupiscências ilícitas, não só aquelas que, com atos libidinosos, se cometem com os maridos e as mulheres dos outros, mas absolutamente, por causa dos desejos de qualquer espécie, que afastam da Lei de Deus a alma que usa mal o corpo e a corrompe com a ruína e a desonra, sem culpa pode o marido repudiar a mulher e a mulher o marido, porque o Senhor excetuou o caso da fornicação. Conforme foi considerado anteriormente, somos obrigados a entender esta fornicação com significado geral e universal.

Quem, seja homem, seja mulher, quer repudiar o cônjuge por motivo de fornicação, primeiramente deve ser purificado da fornicação.

16.47. Porém, quando disse: *Exceto o caso de fornicação*, não disse de quem deles, do homem ou da mulher. Com efeito, não se concede somente repudiar a mulher culpada de fornicação, mas também quem repudia a mulher, pela qual ele próprio é obrigado a fornicar, certamente a repudia por causa de fornicação. Por exemplo, se uma mulher obriga o marido a sacrificar aos ídolos, quem repudia tal mulher, repudia-a por causa de fornicação, não somente dela, mas também dele próprio: dela porque culpada de fornicação, dele para não fornicar. Ora, nada é mais iníquo do que repudiar a mulher por causa de fornicação, uma vez que se demonstra que também ele cometeu fornicação. Acontece então que: *Pois, naquilo mesmo em que julgas o outro, a ti mesmo te condenas, visto que fazes as mesmas coisas que julgas* (Rm 2,1). Por isso, quem por motivo de fornicação quer repudiar

a mulher, deve antes ser purificado da fornicação; seme-
lhantemente diria o mesmo para a mulher.

Como comete adultério aquele que se casa, assim
também aquela com quem se casa.

16.48. Porém, aquele que diz: *Aquele que desposar a
repudiada, comete adultério* (Mt 5,32), pode-se discutir se
comete adultério do mesmo modo aquele que a desposa,
e também aquela que ele desposa. De fato, ela é obrigada
a ficar sem se casar ou a se reconciliar com o marido;
mas se ela tivesse se separado do marido, diz (cf. 1Cor
7,11). Ora, é muito diferente se alguém repudia ou se é
repudiado. Afinal, se ela repudiou o marido e casou-se
com outro, parece que abandonou o primeiro marido no
desejo de mudar de matrimônio, e isso, sem dúvida, é um
plano adúltero. Mas se é repudiada pelo marido, com o
qual desejava permanecer, na verdade, comete adultério
quem a desposar, segundo o ensinamento do Senhor; mas
é incerto se também ela é envolvida nessa culpa. Embora,
muito menos se possa determinar de que modo, quando
um homem e uma mulher se unem com igual consentimento, um deles seja adúltero e o outro não seja. A isso se
acrescenta que ele comete adultério quando se casa com
uma mulher que é separada do marido, embora ela não o
tenha repudiado, porém tenha sido repudiada por ele, ela
faz com que o segundo marido cometa adultério, o que o
Senhor veta absolutamente. Disso deduz-se que, quer ela
seja repudiada, quer repudie, é necessário que permaneça
sem se casar ou que se reconcilie com o marido.

Pergunta-se se, com a permissão da mulher, um homem pode unir-se com outra que não seja casada, nem esteja separada do marido.

16.49. Novamente pergunta-se se, com a permissão da mulher, ou porque é estéril ou que não quer sofrer a união, o marido recorresse a uma outra, não casada nem separada do marido, isso pode ser sem a culpa de fornicação. Ora, na verdade, na história do *Antigo Testamento* encontra-se um exemplo (cf. com Abrão e Sarai, Gn 16,1-3). Agora, porém, os preceitos são maiores e o gênero humano chegou a eles por aquele caminho. Para tratar disso deve-se distinguir as etapas de distribuição da Providência divina, que veio ao encontro do gênero humano de forma ordenadíssima, mas não para usurpar as normas de viver. Todavia, se o que diz o Apóstolo: *A mulher não tem poder sobre o seu corpo, mas sim o marido. E, da mesma forma, o marido não tem poder sobre o seu corpo, mas sim a mulher* (1Cor 7,4), pode valer tanto que, com a permissão da mulher, que tem o poder sobre o corpo do marido, o homem pode unir-se a outra mulher, que nem é esposa de outro, nem está separada do marido? Mas não se deve supor que também a mulher possa fazer isso com a permissão do marido, o que o bom senso de todos exclui.

O que aconteceu em Antioquia, uns cinquenta anos antes, nos tempos de Constâncio.

16.50. Todavia, podem existir alguns motivos pelos quais também a mulher, com o consenso do marido, parece fazer isso pelo próprio marido, como aconteceu em Antioquia, uns cinquenta anos antes, nos tempos de Constâncio. Ora, o então prefeito Acendino, que também foi cônsul, não sei por qual motivo irritou-se quando exigiu de um certo devedor uma libra de ouro ao fisco. Ora, sobretudo em tais poderosos, isso é perigoso, porque para eles qualquer coisa é lícita, ou antes, presume-se que seja lícita. Por isso, ameaçou-o jurando e afirmando energicamente que se num determinado dia, que havia estabelecido, não pagasse o referido ouro, seria morto. Assim, já que ele era mantido em cruel vigilância e não podia livrar-se daquela dívida, começou a ameaçar e a aproximar-se o tão temido dia. Por acaso, ele tinha uma mulher belíssima, mas nada de dinheiro, com o qual pudesse socorrer o marido. Ora, um certo rico entusiasmou-se pela beleza da mulher dele e tendo o rico sabido que o marido dela estava em momento crítico, mandou recado a ela, prometendo dar uma libra de ouro por noite, se quisesse ter relações conjugais com ele. Então ela, sabendo que não tinha poder sobre o próprio corpo, mas o marido, dirigiu-se a este, dizendo estar pronta a fazê-lo pelo marido, se ele, senhor do corpo conjugal, a quem devia toda a castidade, queria que isso acontecesse como uma coisa sua para a própria vida. Ele agradeceu e mandou que fizesse isso, simplesmente não julgando que aquilo fosse uma relação adúltera, porque não havia nenhuma paixão e o exigia uma grande caridade pelo marido, com seu consenso e vontade. A mulher foi para a casa de campo daquele rico. Fez o que quis aquele impudico. Mas ela deu seu corpo somente pelo marido, porque não queria unir-se, como de costume, mas sobreviver. Ela recebeu o ouro. Mas aquele que deu, com engano subtraiu o que dera e o substituiu por um pacote semelhante com terra. Quando a mulher, chegando à sua casa, percebeu o ocorrido, precipitou-se para a rua, clamando que havia feito aquilo por amor ao marido e que fora obrigada a fazê-lo. Dirigiu-se ao prefeito, confessou tudo e expôs a fraude que teve de sofrer. Então, o prefeito, reconhecendo-se culpado, porque com suas ameaças chegava-se a esse ponto, ordenou, como se pronunciasse uma sentença contra um outro, que ao fisco se pagasse uma libra de ouro com os bens de Acendino e aquela mulher fosse acompanhada como dona para aquele terreno do qual havia recebido terra em vez de ouro. Sobre isso, não discuto em sentido algum. Seja consentido a cada um julgar como quer; pois a história não foi tirada dos livros inspirados. Todavia, tendo narrado o fato, o sentimento humano não reprova aquilo que, com o consenso do marido, foi feito naquela mulher, como antes condenamos, quando se tratava da própria questão sem exemplo algum. Mas neste capítulo do Evangelho nada se deve considerar mais atentamente do que o grande mal que é a fornicação para que, embora os matrimônios obriguem com um vínculo tão forte, seja admitida esta única causa de dissolução. Porém, o que seja a fornicação já foi tratado.

Quanto é difícil reprimir tanto o costume de jurar quanto nunca realizar temerariamente um ato que a necessidade obriga a fazer.

17.51. Novamente continua: *Igualmente, ouvistes que foi dito aos antigos: Não perjurarás, mas guardarás para o Senhor os teus juramentos. Eu, porém, digo-vos que não jureis de modo algum, nem pelo céu, porque é o trono de Deus; nem pela terra, porque é o escabelo de seus pés; nem por Jerusalém, porque é a cidade do grande rei. Nem jurarás pela tua cabeça, pois não podes fazer branco ou negro um só dos teus cabelos. Seja o vosso falar: Sim, sim; não, não. Tudo o que passar* *disso, procede do maligno* (Mt 5,33-37). A justiça dos fariseus consiste em não perjurar. Confirma-a aquele que proíbe jurar, porque isso pertence à justiça do reino dos céus. Com efeito, como não pode falar falsamente quem não fala, assim não pode perjurar quem não jura. Mas porque jura quem invoca a Deus por testemunha, deve-se examinar com diligência este capítulo, a fim de que não pareça que o Apóstolo agiu contra o mandamento do Senhor, pois muitas vezes jurou desse modo, quando diz: *No que vos escrevo, digo diante de Deus que não minto* (Gl 1,20), e novamente: *O Deus e Pai de nosso Senhor Jesus Cristo, que é bendito por todos os séculos, sabe que não minto* (2Cor 11,31). É semelhante também aquilo: *O Deus, a quem sirvo em meu espírito no Evangelho de seu Filho, me é testemunha de que incessantemente faço menção de vós nas minhas orações* (Rm 1,9-10). A não ser, talvez, que alguém diga que existe juramento quando se afirma por alguém pelo qual se jura; e não teria jurado, porque não disse: por Deus, mas disse: *Deus me é testemunha.* É ridículo pensar isso. Todavia, por causa dos obstinados ou dos retardados, para que alguém não pense que existe diferença, saiba que o Apóstolo jurou desse modo também quando diz: *Todos os dias morro pela glória que tenho de vós* (1Cor 15,31). Para que alguém não pense que foi dito assim, como se dissesse: Vossa glória me faz morrer cada dia – como é dito: Por seu ensinamento foi instruído, isto é, por seu ensinamento se obteve que fosse perfeitamente instruído – o original grego distingue, porque nele está escrito: Νή τήν ὑμετέραν καύχησιν, que é maneira de falar somente de quem jura. Por isso, então, compreende-se que o Senhor mandou não jurar, para que o homem não recorra ao juramento como a uma ação boa e, pela assiduidade de jurar, não caia no perjúrio por costume. Por isso, quem compreende que o juramento não deve ser usado nas boas ações, mas em casos de necessidade, refreie-se quanto pode, para não o usar senão por necessidade, quando percebe que os homens são lentos para crer o que lhes é útil crer, a não ser que se confirme por juramento. Por isso, pertence a isso o que assim é dito: *Tudo o que passar disso, procede do maligno* (Mt 5,37), isto é, se és coagido a jurar, saiba que vem pela necessidade da fraqueza daqueles aos quais impões alguma coisa. Ora, esta fraqueza é, certamente, um mal, do qual cada dia imploramos ser libertados, quando dizemos: *Livra-nos do mal* (Mt 6,13). Por isso não disse: o mais é um mal; afinal, tu não fazes um mal porque usas bem o juramento, pois, embora não seja bom, todavia, é necessário para convencer o outro daquilo que utilmente aconselhas; mas procede do mal daquele por cuja fraqueza és coagido a jurar. Mas, somente quem o experimentou sabe quanto é difícil tanto reprimir o hábito de jurar quanto não cometer temerariamente um ato que, por vezes, a necessidade obriga a fazer.

Quem jura deve o juramento ao Senhor.

17.52. Mas, quando se diz: *Eu, porém, digo-vos que não jureis de modo algum*, pode-se examinar por que se acrescentou: *Nem pelo céu, porque é o trono de Deus*, etc. até aquilo que é dito: *Nem pela tua cabeça* (Mt 5,34-36). Creio ser porque os judeus julgavam não serem obrigados ao juramento se tivessem jurado por aqueles motivos; e porque haviam ouvido: *Mas guardará para o Senhor os teus juramentos* (Mt 5,33; Ex 20,7; Lv 19,12; Dt 5,11), pensavam não dever manter para o Senhor o juramento, se jurassem pelo céu, pela terra, por Jerusalém ou pela própria cabeça; isso acontecia não por omissão de quem ordenava, mas porque eles interpretavam mal. Por isso, o Senhor ensina que nada é tão vil nas criaturas de Deus, que por isso alguém presuma perjurar, pois, das maiores às ínfimas, as coisas criadas são governadas pela Providência divina, a começar pelo trono de Deus até o cabelo branco ou preto. *Nem pelo céu*, diz, *porque é o trono de Deus, nem pela terra, porque é o escabelo de seus pés* (Mt 5,34-35), isto é, quando juras pelo céu ou pela terra, não suponhas que não deves ao Senhor teu juramento porque és convencido a jurar por Ele, enquanto o céu é seu trono (cf. Mt 23,22) e a terra o escabelo de seus pés. *Nem por Jerusalém, porque é a cidade do grande rei* (Mt 5,35); é melhor do que se dissesse *minha*, embora compreende-se que tenha dito isso. E porque Ele próprio é o Senhor, deve o juramento ao Senhor quem jura por Jerusalém. *Nem jurarás por tua cabeça* (Mt 5,36). Quem poderia pensar que pertença mais a Ele do que a própria cabeça? Mas de que modo é nossa, se não temos o poder de fazer branco ou preto um único cabelo? Portanto, deve o juramento a Deus que, inefavelmente, rege tudo e está presente em toda a parte, quem quiser jurar também por sua cabeça. E daqui entendem-se também as outras coisas, pois certamente não se podia enumerá-las todas, como aquilo que referimos ter sido dito pelo Apóstolo: *Todos os dias morro por vossa glória*. E para mostrar que devia ao Senhor tal juramento, acrescentou: *que tenho de vós em Cristo Jesus* (1Cor 15,31).

Espiritualmente, o conceito céu significa as almas santas, e o conceito terra, as pecadoras.

17.53. Todavia, por causa dos carnais digo: quando se diz que o céu é o trono de Deus e a terra é o escabelo de seus pés, não se deve interpretar que Deus tenha colocado seus membros no céu e na terra, na posição como nós nos sentamos; mas aquela disposição significa o juízo. E porque, em toda a extensão do mundo, o céu tem a maior beleza e a terra, a menor, como se a força divina estivesse mais presente à excelente beleza e ordene a inferior nas partes mais distantes e baixas, diz-se que se senta no céu e tem a terra sob os pés. Espiritualmente, porém, o conceito céu indica as almas santas e o conceito terra, as pecadoras. E porque o homem espiritual julga todas as coisas, e ele mesmo, porém, não é julgado por ninguém (cf. 1Cor 2,15), justamente é considerado o trono de Deus. O pecador, porém, a quem é dito: *És terra e para a terra voltarás* (Gn 3,19), já que pela justiça, que retribui segundo os méritos, é colocado no lugar mais baixo e, porque não quis permanecer na lei, é punido pela Lei, é convenientemente considerado o escabelo dos pés de Deus.

A alma fiel corte os membros que impedem o reino dos céus e não se quebre pela dor!

18.54. Mas para já concluirmos este importantíssimo assunto, o que de mais penoso e difícil se pode dizer ou pensar, quando uma alma fiel põe em ação todas as energias de seu esforço, do que superar um hábito vicioso? Corte os membros que impedem o reino dos céus e não se quebre pela dor! Tolere na fidelidade conjugal todas as coisas que, embora sejam desagradabilíssimas, todavia, não comportam o crime da corrupção ilícita, isto é, a fornicação! Por exemplo, se alguém tiver uma mulher estéril, ou disforme no corpo, ou fraca nos membros, ou cega, ou surda, ou coxa, ou qualquer outra coisa, ou oprimida por doenças, dores e fraquezas e qualquer coisa que se possa pensar de muito horrível, exceto a fornicação, suporte pela fé e pela comunidade. E não só não repudie tal mulher, mas também, se não tiver, não se case com uma separada do marido, embora seja bela, sadia, rica e fecunda. E se não é lícito realizar essas ações, muito menos se pense ser lícito realizar qualquer outra união ilícita; e que fuja da fornicação para se arrancar de toda a torpe corrupção. Diga-se a verdade e não se confirme com frequentes juramentos, mas com a probidade dos costumes! Refugiando-se na fortaleza da milícia cristã, como num lugar superior vença as inumeráveis turbas de todos os maus costumes que lhe são rebeldes, das quais poucas foram elencadas para que todas fossem conhecidas. Mas quem iniciará tantos esforços, a não ser quem arde de amor pela justiça que, fortemente inflamado pela fome e pela sede e considerando insignificante a vida enquanto ela não for saciada, realiza todo o esforço pelo reino dos céus? Pois não se poderá ser forte para tolerar todas as coisas de outro modo, senão cortando os hábitos que os amantes deste mundo consideram penosos, pesados e absolutamente difíceis. Portanto, *bem-aventurados os que têm fome e sede de justiça, porque serão saciados* (Mt 5,6).

Bem-aventurado quem carrega a fraqueza dos outros e quanto pode o socorre

(18.55–23.80)

O manso e o misericordioso parecem a mesma coisa, mas diferem na resistência.

18.55. Todavia, nestas tribulações, quando alguém encontra dificuldades e continuando o caminho por estradas duras e ásperas, cercado por várias tentações e percebendo que de um lado e de outro erguem-se as montanhas da vida passada, teme não poder cumprir as obras empreendidas, agarre o conselho para merecer a ajuda! E o que é essa ajuda senão suportar a fraqueza dos outros e socorrê-la quanto é possível, porque deseja que a sua seja socorrida por Deus? Consequentemente, vejamos os preceitos da misericórdia! Ora, o manso e o misericordioso parecem a mesma coisa, mas aqui há uma diferença: o manso, do qual tratamos precedentemente, pela piedade, não contesta as sentenças divinas que foram proferidas contra seus pecados, nem as palavras de Deus que ainda não compreende, mas não presta nenhum benefício àquele que não contesta e ao qual não se opõe; o misericordioso, porém, não se opõe, de modo que faz algo para a correção daquele que, se opondo, tornar-se-ia pior.

A perfeita paz é, absolutamente, não querer a vingança.

19.56. Portanto, o Senhor continua e diz: *Ouvistes que foi dito: Olho por olho, e dente por dente. Eu, porém, digo-vos que não resistais ao mau; mas, se alguém te ferir na tua face direita, apresenta-lhe também a outra; e ao que quer chamar-te a juízo para te tirar a túnica, cede-lhe também a capa. Se alguém te forçar a dar mil passos, vai com ele mais dois mil. Dá a quem te pede, e não voltes as costas ao que deseja que lhe emprestes* (Mt 5,38-42). A justiça menor dos fariseus consiste em não exceder a medida na vingança, para que, em troca, alguém não pague mais do que recebeu; e este já é um grande passo. Mas não é fácil encontrar alguém que tendo recebido um soco, queira pagar com um só soco, ou aquele que tendo ouvido uma só palavra de ultraje se contente em retribuir com uma de igual significado; mas vinga-se mais imoderadamente, quer porque é perturbado pela ira, quer porque considere justo que quem ofendeu primeiro seja ofendido mais gravemente do que foi ofendido quem não ofendera. A Lei na qual estava escrito: *Olho por olho, dente por dente* (Ex 21,24), freou, em grande parte, tal modo de pensar. Com estes termos é indicada a medida, de modo que a vingança não supere o ultraje. E este é o começo da paz; a paz perfeita, porém, é simplesmente não querer a vingança.

A passagem da suma discórdia para a suma concórdia em referência à distribuição dos tempos.

19.57. Portanto, entre aquilo que em primeiro lugar é contra a Lei, de retribuir com um mal maior um mal menor, e aquilo que o Senhor indica para instruir completamente os discípulos, de não retribuir mal por mal, existe um meio-termo, de só se retribuir o que se recebeu e assim, na distribuição dos tempos, fez-se a passagem da suma discórdia para a suma concórdia. Portanto, quem faz o mal primeiro com a intenção de ofender e prejudicar, reflita quanto dista daquele que retribui, mesmo se ofendido! Mas quem a ninguém fez o mal primeiro, mas ofendido retribuir mais gravemente, de propósito e de fato, afastou-se um pouco da suma iniquidade e se aproximou da suma justiça e, todavia, ainda não observa aquilo que ordenou a Lei dada por Moisés. Portanto, quem retribui o tanto que recebeu, já doa alguma coisa, pois quem prejudica não merece pena tão grande como aquela que teve de sofrer quem, embora inocente, foi por ele ofendido. Portanto, aquele que não veio abolir a Lei, mas cumpri-la (cf. Mt 5,17), elevou essa justiça das origens, tornando-a não severa, mas misericordiosa. E deu a entender que, no meio, existem dois níveis e preferiu falar do ponto mais alto da misericórdia. Pois ainda tem algo a fazer quem não cumpre a referida grandeza do mandamento, que é própria do reino dos céus, para não retribuir em igual medida, mas menos, por exemplo, por dois socos dê um só, ou por um olho arrancado corte uma orelha. Daqui subindo, quem absolutamente nada retribui aproxima-se do preceito do Senhor, mas ainda não chegou lá. Pois ao Senhor ainda parece pouco se, pelo mal que recebestes, não retribuis nada de mal, se não estiveres pronto a receber ainda mais. Por isso não diz: Eu, porém, digo-vos que não retribuais mal por mal, embora também este seja um grande preceito, mas diz: não te oponhas ao mau, para que não só não retribuas aquilo que te foi feito, mas também não resistas que ainda mais te seja feito. Afinal, é isso que também expõe logo a seguir: *Mas se alguém te ferir na tua face direita, apresenta-lhe também a outra* (Mt 5,39). Pois não diz: Se alguém te ferir, não o firas, mas, dispõe-te ainda ao que fere. Percebem que isso pertence à misericórdia sobretudo os que servem aqueles que muito amam, como os filhos ou outras pessoas muito amadas que estão doentes, ou crianças ou frenéticos, dos quais com frequência sofrem muitas coisas e se sua saúde o exigir, oferecem-se também a sofrer outras mais, até passar a fraqueza da idade ou da doença. Que outra coisa o Senhor, médico das almas, podia ensinar aos que ensinava a curar o próximo, senão a suportar com espírito tranquilo as debilidades daqueles cuja saúde querem cuidar? Afinal, toda a desonestidade provém da debilidade de espírito, porque não existe nada de mais inocente do que aquele que é perfeito na virtude.

O que significa a face direita.

19.58. Pode-se perguntar também o que significa a face direita. Com efeito, assim se encontra nos textos gregos, aos quais se deve maior crédito. Pois muitos textos latinos têm apenas face, não também direita. A face é a parte pela qual alguém é conhecido. E no Apóstolo lemos: *Efetivamente, vós suportais quem vos põe em escravidão, quem vos devora, quem vos rouba, quem se exalta, quem vos dá no rosto*; depois, logo acrescenta: *Digo-o para minha vergonha* (2Cor 11,20-21), para explicar o que significa batido no rosto, isto é, ser vilipendiado e desprezado. E o Apóstolo não diz assim para que não suportassem aqueles, mas suportassem mais a Ele, que os amava de tal modo que Ele próprio se sacrificava por eles (cf. 2Cor 12,15). Mas porque o rosto não pode ser considerado direito ou esquerdo e, todavia, a reputação pode ser tanto segundo Deus quanto segundo este mundo, assim é indicada, como que, a face direita e esquerda, de modo que se em algum discípulo de Cristo se desprezasse o fato de ser cristão, muito mais ele esteja preparado para ser desprezado se tiver algumas honras deste mundo. Por exemplo, o próprio Apóstolo, quando os homens perseguiam nele o nome cristão, se calasse a honra que tinha no mundo, não apresentava a outra face aos que batiam na direita. Afinal, dizendo: *Sou cidadão romano* (At 22,25), não significa que não estava preparado para ser desprezado por aqueles que nele desprezavam um nome de tanto valor e dignidade, que ele considerava muito inferior. Será que depois suportou menos as correntes, que aos cidadãos romanos não era lícito impor, ou quis acusar alguém dessa injustiça? E se alguns, por causa da cidadania romana, o pouparam, todavia, ele não lhes apresentou algo para baterem, quando com sua paciência desejava emendá-los de tanta perversão, porque via que nele honraram mais a parte esquerda do que a direita. Realmente, deve-se prestar muita atenção com que espírito fazia todas as coisas, com quanta benevolência e doçura por aqueles dos quais sofria essas ofensas. Pois, quando por ordem do pontífice, porque pareceu ter falado injuriosamente, quando disse: *Deus te baterá a ti, parede branqueada* (At 23,2-3), aos menos inteligentes soa como uma ofensa, mas, para os inteligentes, porém, é uma profecia. Na verdade, uma parede branqueada é, precisamente, a hipocrisia, isto é, a simulação que apresenta a dignidade sacerdotal e, sob este título, como cândida cobertura, esconde como barro a torpeza interior. De fato, guardou admiravelmente o que é próprio da humildade, quando lhe foi dito: *Tu injurias o sumo sacerdote de Deus?* respondeu: *Eu não sabia, irmãos, que é o príncipe dos sacerdotes. Porque está escrito: Não dirás mal do príncipe do teu povo* (At 23,4-5; Ex 22,28). Assim, mostrou com quanta tranquilidade havia dito aquilo que parecia ter dito irado, porque respondeu tão rápida e mansamente que não pode acontecer com pessoas indignadas e perturbadas. E com a própria frase disse a verdade para aqueles que compreendem: *Não sabia que é o príncipe dos sacerdotes*, como se dissesse: Eu soube que outro é o príncipe dos sacerdotes, por cujo nome suporto estas ofensas, a quem não é lícito insultar, mas que vós insultais, já que em mim não odiastes senão o seu nome. Portanto, é necessário não lançar simuladamente essas coisas, mas estar sempre preparado a tudo no próprio coração, para poder cantar as palavras proféticas: *O meu coração, ó Deus, está preparado, o meu coração está preparado* (Sl 56,8). De fato, muitos souberam apresentar a outra face, mas não sabem amar aquele pelo qual são feridos. Mas o próprio Senhor, que observou primeiro os preceitos que ensinou ao servo do sacerdote que lhe bateu na face, não apresentou a outra, mas disse: *Se falei mal, mostra o que eu disse de mal; mas, se falei bem, por que me feres?* (Jo 18,23). Mas nem por isso não estava preparado no coração não só para ser batido na outra face pela salvação de todos, mas também para ser pregado à cruz com todo o corpo.

O preceito do Senhor deve ser observado em tudo que por outro direito, temporalmente, dizemos ser de nossa propriedade.

19.59. Portanto, também aquilo que segue: *E ao que quer chamar-te a juízo para te tirar a túnica, cede-lhe tam-*

bém o manto (Mt 5,40), deve-se entender que foi prescrito para a preparação do coração e não para a ostentação de um ato. Mas o que foi dito sobre a túnica e o manto não se deve observar somente para eles, mas para todos os bens que por qualquer outro direito, temporalmente, consideramos de nossa propriedade. E se isso foi ordenado para as coisas necessárias, muito mais convém desprezar as coisas supérfluas! Todavia, os bens que considerei de nossa propriedade devem ser incluídos no gênero que o próprio Senhor prescreveu, ao dizer: *Se alguém quiser chamar-te a juízo para te tirar a túnica.* Portanto, entendam-se todos os bens pelos quais podemos ser chamados a juízo, de modo que de nosso direito passem para o direito daquele que chama a juízo ou pelo qual chama a juízo, como uma veste, uma casa, um terreno, um jumento e, em geral, todo o dinheiro. É um grande problema se devem ser incluídos também os escravos. Realmente, não convém que um cristão possua um escravo do mesmo modo que possui um cavalo ou o dinheiro, embora possa acontecer que um cavalo tenha preço maior do que um escravo e muito mais um objeto de ouro ou de prata. Mas se mais correta e honestamente e de forma mais adaptada a honrar a Deus, o escravo for instruído e dominado por ti, patrão, do que por aquele que deseja tê-lo, não sei se alguém ousa dizer que deve ser tratado como um manto. Afinal, um homem deve amar outro homem como a si mesmo, porque, como mostram os assuntos seguintes, manda-se que ame também os inimigos.

O termo veste significa mais do que o termo túnica.

19.60. Na verdade, deve-se notar que toda túnica é uma veste, mas nem toda veste é uma túnica. Portanto, o termo veste significa mais do que o termo túnica. E por isso, penso que foi dito: *A quem quiser chamar-te a juízo para te tirar a túnica, cede-lhe também o manto*; como se dissesse: A quem quiser tirar a túnica, cede-lhe também a outra veste que tens. Por isso, alguns traduziram por *manto* o termo que em grego é ἱμάτιον.

Lembremo-nos que cumprimos a perfeita justiça quando misericordiosamente suportamos as enfermidades dos outros porque queremos torná-los sadios.

19.61. *Se alguém te forçar*, diz, *a dar mil passos, vai com ele mais dois mil* (Mt 5,41), e isso não tanto para que ajas com os pés, mas para que estejas preparado com o espírito. Pois, na própria história cristã, que tem autoridade, não encontras que isso tenha sido feito pelos santos ou pelo próprio Senhor, embora no homem que se dignou assumir nos ofereça um exemplo a seguir; todavia, encontras que em quase todos os países estavam preparados para suportar com espírito sereno aquilo que injustamente lhe tenha sido imposto. Mas podemos pensar que tenha dito como exemplo: *Vai com ele mais dois mil?* Ou quis que se completassem três, já que este número simboliza a perfeição, para que alguém, quando cumprir essa ação, se recorde que cumpre a perfeita justiça quando misericordiosamente suporta as enfermidades dos outros porque quer que se tornem sadios? Por isso, pode ser visto que propôs esses preceitos também com três exemplos, o primeiro dos quais é: se alguém te ferir a face; o segundo: se alguém quiser te tomar a túnica; o terceiro: se alguém te forçar a dar mil passos e neste terceiro exemplo a um se acrescentam os dois para que se completem os três. Mas se, como se disse, nesta passagem o número não simboliza a perfeição, seja interpretado que ao ensinar iniciou, por assim dizer, com termos mais suportáveis e, pouco a pouco, aumentou até chegar a sugerir o duplo. Com efeito, em primeiro lugar quis que se apresentasse a outra face, quando fosse ferida a direita, para que estivesses preparado para suportar menos do que já suportaste – afinal, qualquer coisa que a direita simbolize, tem certamente maior valor do que a esquerda e se alguém suportou algo de mais valor, é menos doloroso suportá-lo num objeto de menor valor; depois, ordena que àquele que quer tirar a túnica, se entregue também o manto, que é da mesma medida ou não muito mais amplo, em todo o caso, não é o dobro; em terceiro lugar, partindo de mil passos, aos quais diz que se acrescentem outros dois mil, ordena que suportes alguma dificuldade até o dobro, indicando assim que, se alguém quiser ser mau contigo, deves suportar ou um pouco menos daquilo que suportaste antes, ou com igual espírito o mesmo ou até mais.

Deve-se suportar misericordiosamente a enfermidade do outro.

20.62. Sem dúvida, nestas espécies de três exemplos, vejo que não foi omitido nenhum tipo de injustiça. Ora, todas as coisas nas quais sofremos alguma maldade dividem-se em dois tipos: um dos quais não é possível retribuir, o outro é possível. Mas naquele que não é possível retribuir, em geral, recorre-se ao consolo da punição. Mas o que adianta se, batido, retribuis o golpe? Será que por isso o que foi ferido no corpo é plenamente restituído? Contudo, um espírito receoso deseja tais lenitivos; mas eles não aproveitam a um espírito sadio e robusto;

antes, julga que a enfermidade do outro deve ser mais misericordiosamente tolerada do que, com o suplício alheio, ser mitigada a própria, que não é nada.

E nesta passagem não é proibida a punição que ajuda na correção.

20.63. E nesta passagem não é proibida a punição que ajuda na correção. Afinal, também ela pertence à misericórdia e não impede o propósito pelo qual alguém está preparado para tolerar muitas coisas daquele que se quer corrigir. Mas para retribuir tal punição não é idôneo senão aquele que, com a grandeza do afeto, superar o ódio, do qual costumam arder os que desejam se vingar. Realmente, não se deve temer que os pais pareçam odiar o filho pequeno, quando, porque pecou, o açoitam para que não peque mais. E certamente a perfeição do amor nos é indicada na imitação do próprio Deus Pai (cf. Mt 5,48), quando a seguir se diz: *Amai os vossos inimigos, fazei bem aos que vos odeiam e orai pelos que vos perseguem* (Mt 5,44). E, todavia, mediante o Profeta, do Senhor é dito: *O Senhor castiga aquele a quem ama e açoita o filho que recebe* (Pr 3,12). Diz também o Senhor: *Aquele servo que não conheceu a vontade do seu senhor e faz coisas dignas de castigo, levará poucos açoites; mas aquele que conheceu a vontade do seu senhor e faz coisas dignas de castigo, levará muitos açoites* (Lc 12,47-48). Portanto, exige-se que puna somente aquele ao qual, na ordem das coisas, foi dado o poder e puna com aquela vontade pela qual o pai pune o filho pequeno que ele, pela idade, ainda não pode odiar. Ora, aqui é dado um exemplo muito apropriado, pelo qual claramente aparece que mais se pode punir o pecado por amor do que deixá-lo impune e se quer que aquele no qual se usa a punição não seja infeliz pelo castigo, mas feliz pela correção; e, todavia, está disposto, se houver necessidade, a suportar muitas coisas provocadas por aquele que quer corrigir, quer ele tenha o poder de coagi-lo, quer não tenha.

Observemos desejar a correção com amor, mas não a punição com ódio.

20.64. Mas grandes e santos homens, que já sabiam muito bem que a morte, que separa a alma do corpo, não deve ser temida, todavia, seguindo o espírito daqueles que a temiam, puniram alguns pecados com a morte, e assim, incutiriam aos vivos um útil medo, e àqueles que eram punidos com a morte a própria morte não causasse dano, mas o pecado, que poderia crescer se vivessem. Não julgavam temerariamente, porque Deus lhes havia proporcionado tal juízo. Daí vem que Elias fez morrer a muitos, quer com a própria mão, quer com o fogo impetrado do alto, e muitos outros grandes e divinos homens fizeram isso não temerariamente com o mesmo espírito de alcançar as coisas humanas. Mas uma vez, os discípulos apresentaram ao Senhor o exemplo do próprio Elias, recordando aquilo que fora feito por ele (cf. 1Rs 18,40), para que desse também a eles o poder de pedir fogo do céu para consumir aqueles que não quiseram dar-lhes hospedagem. O Senhor não repreendeu neles o exemplo do santo Profeta, mas a ignorância de punir, que ainda existia em pessoas rudes, observando que não desejavam a correção com amor, mas a punição com ódio (cf. Lc 9,54-55). Por isso, depois que lhes ensinou o que significa amar o próximo como a si mesmo (cf. Mt 19,19), e também tendo infundido o Espírito

Santo que, conforme prometera, enviou do alto dez dias depois de sua ascensão (cf. At 2,1-4), não faltaram tais punições, embora muito mais raramente do que no *Antigo Testamento*. Então, a maior parte, era oprimida pelo temor como escravos, depois, porém, como filhos, eram nutridos com amor. De fato, como lemos nos Atos dos Apóstolos, às palavras do apóstolo Pedro, Ananias e sua mulher caíram exânimes e não foram ressuscitados, mas sepultados (cf. At 5,1-10).

O que está escrito no livro não canônico do apóstolo Tomé, injustamente esbofeteado.

20.65. Mas se os hereges não querem crer nesse livro, porque não aceitam o *Antigo Testamento*, considerem atentamente o apóstolo Paulo, que leem conosco, quando diz de um pecador que entregou a satanás para a morte da carne: *A fim de que a alma seja salva* (1Cor 5,1-5). E se no texto não querem compreender a morte – pois, talvez, é incerto –, reconheçam alguma punição feita pelo apóstolo mediante satanás; e que não fez isso por ódio, mas por amor, evidencia-o o acréscimo: *A fim de que a alma seja salva*. Ou naqueles livros aos quais eles atribuem uma grande autoridade, considerem aquilo que dizemos, onde está escrito que o apóstolo Tomé, por ter desejado àquele que o havia esbofeteado na boca a punição de uma morte muito atroz, todavia recomenda a sua alma, a fim de que lhe seja perdoado no outro mundo. De fato, um cão levou para a mesa na qual o apóstolo estava tomando a refeição a mão arrancada do resto do corpo daquele que fora morto por um leão (cf. *Atos de Tomé* 6 e 8). A nós é permitido não crer naquele livro – pois afinal não está no cânon católico –, no entanto, leem-no e o honram como muito autêntico e verdadeiro aqueles que, não sei por quais cegueiras, se encolerizam acremente contra as punições corporais que estão no *Antigo Testamento*, porque simplesmente não sabem com que espírito e com que referência aos tempos aconteceram.

Existe outro tipo de injustiças, que se pode restituir integralmente.

20.66. Portanto, neste gênero de injustiças que se paga mediante a punição, os cristãos observam a norma seguinte: que recebida a injustiça não surja o ódio, mas, pela misericórdia da fraqueza, o espírito esteja pronto a suportar mais coisas e não negligencie a correção, para a qual pode servir-se do conselho, da autoridade ou do poder. Existe outro tipo de injustiças, que se pode restituir integralmente, do qual existem duas espécies: uma refere-se ao dinheiro, a outra, à ação. Por isso, da primeira foi apresentado o exemplo da túnica e do manto, da outra, a obrigação de mil passos e dos dois mil, porque tanto podem devolver o manto, como aquele que tiveres ajudado com o trabalho, também ele pode te ajudar, se houver necessidade. A não ser que, talvez, deva-se distinguir: o primeiro caso, que foi proposto sobre o golpe na face, pode simbolizar todas as ofensas que são feitas pelos arrogantes e que não podem ser restituídas senão pela punição; o segundo caso, que foi proposto sobre o manto, pode simbolizar todas as ofensas que podem ser resgatadas sem a punição e, talvez por isso, foi acrescentado: *E ao que quer chamar-te a juízo* (Mt 5,40), porque o que é tirado mediante a sentença do juiz não se pode pensar que seja tirado com a força, à qual se deve a punição; o terceiro caso proviria de um e de outro, de modo que se possa restituir sem punição e com punição. De fato, quem exige violentamente uma atividade indevida sem juízo algum, como faz quem perversamente obriga um homem e ilicitamente o coage a ser ajudado contra a vontade, tanto pode pagar a pena de improbidade como devolver a ação, se isso for pedido por quem sofreu a arrogância. Portanto, o Senhor ensina que, em todas essas formas de injustiças, é necessário que o espírito do cristão seja muito paciente e muito misericordioso e muito preparado para suportar ainda mais.

É pouco não prejudicar se, quanto podes, não fazes também o bem.

20.67. Mas, porque é pouco não prejudicar se, quanto podes, não fazes também o bem, com razão acrescenta e diz: *Dá a quem te pede, e não voltes as costas ao que deseja que lhe emprestes* (Mt 5,42). Diz: *a quem te pede*, e não: a quem pede tudo, a fim de que dês aquilo honesta e justamente podes dar. E se pedisse dinheiro com o qual tenta oprimir um inocente? E se, por fim, pedisse um estupro? Mas, para não me alongar em muitas coisas, que são inúmeras, deve-se dar somente aquilo que não prejudica a si nem ao outro, quanto isso pode ser sabido ou acreditado pelo homem. E àquele a quem, com justiça, negares o que pede, para não o mandares embora de mãos vazias, deve-se indicar a própria justiça. Assim, darás a todo aquele que te pede, embora nem sempre darás o que te pede. E então darás algo melhor, quando corrigires aquele que pede coisas injustas.

Ou damos benevolamente aquilo que damos, ou emprestamos a quem há de restituir.

20.68. Porém, aquilo que diz: *Não voltes as costas ao que deseja que lhe emprestes*, deve ser relacionado ao espírito: *Pois, Deus ama a quem dá com alegria* (2Cor 9,7). Toma emprestado, porém, todo aquele que recebe, também se não for ele mesmo a restituir. Mas já que Deus restitui mais aos misericordiosos, todo aquele que faz um favor dá com juros. Ou se não agrada atender quem pede emprestado, a não ser que receba para restituir, deve-se compreender que o Senhor ligou duas formas de emprestar, pois, ou damos benevolamente aquilo que damos ou emprestamos a quem há de restituir. E geralmente, os homens, que estão dispostos a dar em consideração ao prêmio divino, são lentos a dar aquilo que se pede emprestado, como se nada recebessem de Deus, já que aquele que recebeu devolve o que lhe foi dado. Por isso, corretamente, a divina autoridade nos exorta a fazer esse tipo de benefício, dizendo: *E não voltes as costas ao que deseja que lhe emprestes*, isto é, não tornes a tua vontade indiferente ao que te pede, como se, ou teu dinheiro não frutificasse, ou Deus não o restituísse a ti, já que o homem o restituirá. Mas pelo fato de fazeres isso por preceito de Deus, ele não pode ficar sem fruto junto àquele que deu esta ordem.

Também somos mandados a amar os nossos inimigos e perseguidores.

21.69. Depois acrescenta e diz: *Ouvistes que foi dito: Amarás o teu próximo e odiarás o teu inimigo. Eu, porém, digo-vos: Amai os vossos inimigos, fazei bem aos que vos odeiam, e orai pelos que vos maltratam e vos perseguem.*

Desse modo sereis filhos do vosso Pai que está nos céus, o qual faz nascer o sol sobre bons e maus, e manda a chuva sobre justos e injustos. Porque, se amais somente os que vos amam, que recompensa haveis de ter? Não fazem os publicanos também o mesmo? E se saudardes somente os vossos irmãos, que fazeis de especial? Não fazem assim também os gentios? Sede, pois, perfeitos, como também vosso Pai celestial é perfeito (Mt 5,43-48). Sem esse amor, pelo qual nos é ordenado amar também os inimigos e os perseguidores, quem pode cumprir as coisas que foram ditas acima? A perfeição da misericórdia, porém, pela qual se faz muito bem à alma que sofre, não pode ser estendida além do amor ao inimigo. E, por isso, conclui-se assim: *Sede, pois, perfeitos, como também vosso Pai celestial é perfeito* (Mt 5,48); todavia, assim que Deus seja entendido perfeito como Deus, e a alma perfeita como alma.

A Lei não se deve considerar como a palavra de quem ordena a um justo, mas de quem consente a um fraco.

21.70. Que haja algum progresso na justiça dos fariseus, que é própria da lei antiga, deduz-se do fato que muitos homens odeiam também aqueles pelos quais são amados, como os filhos luxuriosos odeiam os pais que reprimem a sua luxúria. Portanto, subiu um degrau quem ama o próximo, embora ainda odeie o inimigo. Mas, por ordem daquele que veio cumprir e não abolir a Lei (cf. Mt 5,17), o homem cumprirá perfeitamente a benevolência e a benignidade quando as levar até o amor ao inimigo. Pois aquele progresso, embora seja alguma coisa, é, todavia, tão pequeno que poderia ser comum também com os publicanos. E o que é dito na Lei: *Odiarás o teu inimigo* (Dt 7,2), não deve ser entendido como uma palavra que ordena a um justo, mas de quem consente a um fraco.

Surge o problema que outras partes da Escritura parecem contrárias ao preceito do Senhor.

21.71. Aqui surge um problema que, certamente, de modo algum pode ser dissimulado, pois muitas outras partes das Escrituras, aos que as examinam menos atenta e sobriamente, parecem contrárias a este preceito do Senhor, pelo qual somos exortados a amar os nossos inimigos, a fazer o bem aos que nos odeiam e a orar pelos que nos perseguem; porque até nos profetas encontram-se muitas imprecações contra os inimigos, que se consideram maldições como esta: *Torne-se a sua mesa diante deles um laço* (Sl 68,23) e as outras coisas que ali estão escritas; e esta outra: *Seus filhos fiquem órfãos, e sua mulher, viúva* (Sl 108,9), e as outras expressões que, antes e depois no mesmo salmo, são ditas pelo Profeta contra a pessoa de Judas. Nas Escrituras encontram-se muitas outras coisas que parecem contradizer este preceito do Senhor e aquele do Apóstolo, que diz: *Abençoai e não amaldiçoeis* (Rm 12,14), já que do Senhor também foi escrito que amaldiçoou as cidades que não haviam acolhido sua palavra (cf. Mt 11,20; Lc 10,13-16), e o mencionado Apóstolo disse de alguém: *O Senhor lhe pagará segundo as suas obras* (2Tm 4,14).

O Senhor não desejava o futuro por malevolência, mas o antevia pela divindade.

21.72. Mas essas coisas se resolvem facilmente, porque, por meio da imprecação, tanto o Profeta predisse o que haveria de acontecer, não pelo desejo de quem pede, mas pelo espírito que prevê; como também o Senhor, e também o Apóstolo, no que se refere a eles e às palavras não se encontra que tenham desejado, mas que predisseram. De fato, quando o Senhor diz: *Ai de ti, Cafarnaum*, não significa outra coisa senão que lhe aconteceria um mal por causa da infidelidade e que o Senhor não desejava o futuro por malevolência, mas o antevia pela divindade. E o Apóstolo não diz: *Pague-lhe*, mas: *O Senhor lhe pagará segundo as suas obras*, que é uma palavra de quem prenuncia e não de quem impreca; assim também sobre a hipocrisia dos judeus, da qual já se falou, cuja queda previa iminente, disse: *O Senhor te baterá a ti, parede branqueada* (At 23,3). Os profetas, porém, costumam, sobretudo, predizer os acontecimentos futuros pela alegoria de quem impreca, como, com frequência, predisseram os acontecimentos futuros pela alegria do tempo passado, como na passagem: *Por que se embraveceram as nações, e os povos meditaram coisas vãs?* Afinal, não disse: Porque embravecem as nações, e os povos meditarão coisas vãs? (cf. Sl 2,1), pois não recordava os acontecimentos como já passados, mas os previa como futuros. Semelhante é também a passagem: *Repartiram entre si as minhas vestes, lançaram sorte sobre minha túnica* (Sl 21,19). E aqui não disse: Repartirão entre si as minhas vestes e lançarão sorte sobre minha túnica. E, todavia, ninguém falará mal dessas palavras, senão quem não percebe que, no falar, esta variedade de alegorias não tira nada à verdade das coisas, mas acrescenta muito aos sentimentos do espírito.

Admitimos que, nos irmãos, existem alguns pecados mais graves do que a perseguição dos inimigos.

22.73. Mas tornam mais insistente essa questão as palavras ditas pelo apóstolo João: *O que sabe que seu irmão comete um pecado, que não é de morte, ore por ele, e será dada vida àquele cujo pecado não é de morte. Há um pecado que leva à morte, não digo que rogue alguém por ele* (1Jo 5,16). Com efeito, declara abertamente que existem alguns irmãos pelos quais nos é mandado não rezar, enquanto que o Senhor nos manda rezar também pelos nossos perseguidores (cf. Mt 5,44). Esse problema não pode ser resolvido, a não ser admitindo que existem alguns pecados nos irmãos que são mais gaves do que a perseguição dos inimigos. Porém, com muitos testemunhos das divinas Escrituras, pode-se provar que por irmãos são indicados os cristãos. Todavia, é muito claro aquilo que o Apóstolo coloca assim: *O marido sem fé é santificado pela mulher fiel, e a mulher sem fé é santificada pelo marido fiel* (1Cor 7,14). Pois, não acrescentou: nosso, mas considerou evidente, pois com o nome de irmão quis entender um cristão que tivesse uma mulher não cristã. E assim, pouco depois, diz: *Porém, se o infiel se separa, separe-se; porque, neste caso, já o irmão ou a irmã não estão mais sujeitos à escravidão* (1Cor 7,15). Portanto, penso que é de morte o pecado do irmão, já que depois do conhecimento de Deus pela graça de nosso Senhor Jesus Cristo alguém rejeita a fraternidade e, por instigação da inveja, agita-se contra a própria graça, pela qual foi reconciliado com Deus; mas o pecado não é de morte, se alguém não tiver negado o amor ao irmão, mas, por alguma fraqueza de espírito, não tiver cumprido os devidos deveres de fraternidade. Por isso, também o Senhor na cruz diz: *Pai, perdoa-lhes, porque não sabem o que* *fazem* (Lc 23,34). Com efeito, não haviam iniciado a sociedade da santa fraternidade, porque ainda não foram feitos participantes da graça do Espírito Santo. E Santo Estêvão, nos Atos dos Apóstolos, reza por aqueles pelos quais era apedrejado (cf. At 7,59-60), porque ainda não haviam acreditado em Cristo, nem lutavam contra aquela graça comum. E por isso, o apóstolo Paulo, creio, não reza por Alexandre, porque já era irmão e havia pecado para a morte, isto é, rejeitando a fraternidade por inveja. Mas por aqueles que não haviam violado o amor, mas haviam caído por temor, ele reza para que sejam perdoados. Com efeito, diz assim: *Alexandre, o latoeiro, fez-me muitos males; o Senhor lhe pagará segundo as suas obras. Também tu, guarda-te dele, porque opõe uma forte resistência às nossas palavras.* Depois, acrescenta por quem ora, dizendo assim: *Na minha primeira defesa, ninguém me assistiu, mas todos me desampararam; que isso não lhes seja imputado* (2Tm 4,14-16).

Há muita diferença entre os arrependimentos que Deus perdoa.

22.74. Esta diferença de pecados distingue Judas que trai (cf. Mt 26,47-50), de Pedro que nega (cf. Mt 26,69-75), e isso, não porque não se deva perdoar a quem se arrepende, e para não contradizermos o ensinamento do Senhor, pelo qual ordena que, para fazer-se perdoar pelo irmão, deve-se sempre perdoar o irmão que o peça (cf. Lc 17,3-4), mas porque é tanta a destruição daquele pecado, que o homem não pode suportar a humildade daquele que implora, embora a má consciência obrigue a reconhecer e declarar o próprio pecado. De fato, Judas, após ter dito: *Pequei, entregando o sangue inocente*, por desespero, correu antes para o laço (cf. Mt 27,3-5), em vez de pedir perdão pela humildade. Por isso, há muita diferença entre os arrependimentos que Deus perdoa. Com efeito, muitos, demasiado rapidamente, reconhecem ter pecado e assim se submetem à censura, de modo que intensamente quereriam não ter pecado; todavia, não curvam o espírito para humilhar e submeter o coração e para pedir perdão. E deve-se admitir que, por causa da gravidade do pecado, tenham tal atitude da mente também com relação à condenação.

O Senhor diz que o pecado contra o Espírito Santo não é perdoado nem neste, nem no outro mundo.

22.75. E isso, talvez, é pecar contra o Espírito Santo, isto é, por meio da maldade e da inveja lutar contra a caridade fraterna após ter recebido a graça do Espírito Santo; e o Senhor diz que esse pecado não será perdoado nem neste, nem no outro mundo (cf. Mt 12,31-32). Daí, pode-se perguntar, se os judeus pecaram contra o Espírito Santo quando disseram que o Senhor expulsava o demônio por Belzebu, príncipe dos demônios: se devemos entender que isso foi dirigido contra o próprio Senhor, porque, em outra passagem, diz de si: *Se chamaram Belzebu o pai de Família, quanto mais aos seus domésticos?* (Mt 10,25; 12,24). Ou, porque falaram com grande inveja, ingratos por benefícios tão manifestos, todavia, deve-se crer que, embora ainda não fossem cristãos, pecaram contra o Espírito por causa de própria grandeza da inveja. Mas isso não se conclui das palavras do Senhor. Embora no mesmo lugar tenha dito: *Todo o que disser alguma palavra contra o Filho do homem, ser-lhe-á perdoado; porém, o que a disser contra o*

Espírito Santo, não lhe será perdoado, nem neste, nem no século futuro (Mt 12,32), todavia, pode parecer que os tenha advertido para participarem da graça e, depois de tê-la recebido, para não pecar mais, como tinham pecado naquele momento. Com efeito, naquele momento proferiram uma palavra má contra o Filho do homem, e pode ser-lhes perdoado, se se converterem, crerem nele e receberem o Espírito Santo; mas tendo-o recebido, se quiserem invejar a fraternidade e combater a graça que receberam, não se pode perdoá-los nem nesse século, nem no século futuro. Com efeito, se já os considerasse condenados, de modo que a eles não restava esperança alguma, não os julgaria merecedores de admoestação, já que acrescentou, dizendo: *Ou dizei que a árvore é boa, e o seu fruto, bom; ou dizei que a árvore é má, e o seu fruto, mau* (Mt 12,33).

Mas, por aquele que não rezas, também não rezas contra ele.

22.76. Por isso, entenda-se que se deve amar os inimigos, fazer o bem aos que nos odeiam e orar pelos que nos perseguem, no sentido de que para alguns pecados, também dos irmãos, não foi ordenado que rezemos, para que, por incapacidade nossa, a Escritura divina não pareça contradizer a si mesma, pois isso não pode acontecer. Mas ainda não é suficientemente claro se, assim como para alguns não se deve rezar, da mesma forma também se deva rezar contra alguns. De fato, de modo geral, foi dito: *Abençoai e não amaldiçoeis* (Rm 12,14); e também: *A ninguém pagueis o mal com o mal* (Rm 12,17). Mas, por aquele que não rezas, também não rezas contra ele. De fato, podes ver que é certo o seu castigo e totalmente desesperadora a sua salvação, e não rezas por ele porque o odiaste, mas porque sentes que em nada podes ser-lhe útil e não queres que tua oração seja rejeitada pelo justíssimo juiz. Todavia, o que dizer daqueles contra os quais sabemos que se rezou aos santos não para que se corrigissem – afinal, rezou-se desse modo mais do que a seu favor – mas pela condenação final; não como pelo profeta contra o traidor do Senhor (cf. Sl 108,6-19) – pois, como se disse, aquela foi uma predição das coisas futuras e não um pedido de condenação; nem como pelo Apóstolo contra Alexandre (cf. 2Tm 4,14) – pois deste já se falou bastante – mas como lemos no *Apocalipse* de João que os mártires rezam para serem vingados (cf. Ap 6,10), embora o primeiro mártir tenha rezado para que fossem perdoados aqueles que o apedrejavam (cf. At 7,59-60).

A própria vingança dos mártires é sincera e plena de justiça e de misericórdia, para que seja aniquilado o reino do pecado.

22.77. Mas por isso não convém perturbar-se. Pois, já que aqueles santos de brancas vestes pediram para ser vingados, quem ousará afirmar que o pediram contra os homens ou contra o reino do pecado? Pois a própria vingança dos mártires é sincera e plena de justiça e de misericórdia, para que seja aniquilado o reino do pecado, porque no seu reinado sofreram tanto. Para essa destruição estimula o Apóstolo dizendo: *Não reine, pois, o pecado no vosso corpo mortal* (Rm 6,12). Mas seja destruído e derrubado o reino do pecado, em parte, para a correção dos homens, a fim de que a carne se sujeite ao espírito, em parte, para a condenação daqueles que perseveram no pecado, para que se comportem de maneira que não possam ser molestos aos justos que reinam com Cristo. Pensa no apóstolo Paulo! Não te parece que vinga em si o próprio mártir Estêvão, quando diz: *Não combato como quem açoita o ar, mas castigo o meu corpo e o reduzo à escravidão?* (1Cor 9,26-27). Ele abatia e enfraquecia tal estímulo em si mesmo e, uma vez vencido, relacionava-o ao fato de ter perseguido Estêvão e os outros cristãos. Portanto, quem pode demonstrar que os santos mártires não pediram ao Senhor tal vingança, se, para a própria vingança, livremente puderam pedir o fim deste mundo, no qual tanto sofreram? E aqueles que assim rezam, rezam também por seus inimigos, que são curáveis, e não rezam contra aqueles que quiseram ser incuráveis, porque também Deus, punindo-os, não é um torturador cruel, mas um justíssimo ordenador. Portanto, sem dúvida alguma, amemos os nossos inimigos, façamos o bem aos que nos odiaram e rezemos por aqueles que nos perseguem.

Portanto, tornamo-nos filhos por uma regeneração espiritual e somos adotados para o reino de Deus.

23.78. Porém, aquilo que é posto a seguir: *Para que sejais filhos do vosso Pai que está nos céus* (Mt 5,45), deve ser entendido por aquela regra pela qual também João diz: *Deu-lhes o poder de se tornarem filhos de Deus* (Jo 1,12). Ora, por natureza, um só é Filho e Ele, absolutamente, não sabe pecar; nós, porém, recebido o poder, tornamo-nos filhos enquanto cumprimos aquilo que por Ele nos foi ordenado. Por isso, o ensinamento apostólico considera uma adoção aquela pela qual somos chamados para a herança eterna, para podermos ser coerdeiros de Cristo (cf. Rm 8,17). Portanto, tornamo-nos filhos por uma regeneração espiritual e somos adotados para o reino de Deus, não como estrangeiros, mas como por Ele feitos e criados, isto é, fundados para que seja um dom pelo qual nos fez por sua onipotência, já que antes nada éramos, e depois porque Ele nos adotou, a fim de, com Ele, gozarmos da vida eterna como filhos, por nossa participação. Por isso, não diz: Fazei isso porque sois filhos, mas: Fazei isso, para *serdes filhos*.

Aquele sol espiritual não nasce senão para os bons, e aquela chuva espiritual não irriga senão os bons.

23.79. Já que nos chama a isso pelo próprio Unigênito, chama-nos a ser semelhantes a Ele. De fato, a seguir Ele diz: *Faz nascer seu sol sobre bons e maus, e manda a chuva sobre justos e injustos* (Mt 5,45). Podes entender como seu sol não este visível aos olhos do corpo, mas a sabedoria, da qual se diz: *Pois é o clarão da luz eterna*; da qual também se diz: *Nasceu para mim o sol da justiça* (Sb 7,26); e ainda: *Mas para vós que temeis o nome do Senhor, nascerá o sol da justiça* (Ml 4,2), para que também entendas a chuva como irrigação da doutrina da verdade, porque apareceu a bons e maus e Cristo foi anunciado a bons e maus. Podes entender também, se preferires, este sol tornado visível não só aos olhos corporais dos homens, mas também dos animais, e esta chuva pela qual se produzem os frutos, que são dados para a alimentação do corpo. E julgo que esta interpretação seja mais provável, que aquele sol espiritual não nasça senão para bons e santos, porque é precisamente isso que choram os iníquos no livro intitulado *Sabedoria* de Salomão: *E o sol não nasceu para nós* (Sb 5,6); e aquela chuva espiritual não irrigará senão os bons, porque a vinha da qual se disse: *Mandarei às nuvens que não chovam sobre ela* (Is 5,6), simboliza os maus. Mas quer entendas de um modo ou de outro, isso acontece pela grande bondade de Deus, que nos é ordenado imitá-la, se quisermos ser filhos de Deus. E quem é tão ingrato que não perceba quanto bem-estar trazem a esta vida a luz visível e a chuva corporal? E vemos que este bem-estar é oferecido nesta vida igualmente aos justos e aos pecadores. Pois não diz: *Que faz nascer o sol sobre bons e maus*, mas acrescenta: o *seu*, isto é, aquele que Ele próprio criou e estabeleceu, e de ninguém tomou alguma coisa para criá-lo, como de todos os outros astros se escreve no *Gênesis* (cf. Gn 1,16). Com propriedade, então, pode dizer que são suas todas as coisas que Ele criou do nada, para que fôssemos exortados que, com grande liberalidade, devemos, por uma ordem sua, dar aos nossos inimigos as coisas que nós não criamos, mas as recebemos com dons seus.

Bem-aventurados os que são plena e perfeitamente misericordiosos, porque alcançarão misericórdia.

23.80. Portanto, quem pode estar preparado a tolerar as injúrias dos fracos, enquanto for útil à salvação deles, e prefere suportar antes as maldades dos outros do que retribuir as que sofreu; ou a dar a quem lhe pede alguma coisa ou aquilo que pede, se se tem e se pode dar honestamente; ou dar um bom conselho ou um gesto benévolo, e não voltar as costas àquele que deseja tomar emprestado; amar os inimigos, fazer o bem aos que o odeiam, rezar por aqueles que o perseguem? Portanto, quem faz isso, senão quem é plena e perfeitamente misericordioso? Com este conselho evita-se a miséria, com a ajuda daquele que diz: *Quero a misericórdia e não o* *sacrifício* (Os 6,6). Portanto, *bem-aventurados os misericordiosos, porque alcançarão misericórdia* (Mt 5,7). Mas penso que já seja oportuno que o leitor, cansado pelo longo volume, respire um pouco e se disponha a examinar num outro livro as coisas que restam.

LIVRO II
AS BEM-AVENTURANÇAS PELAS QUAIS SE VÊ A DEUS

A pureza de coração na oração, na esmola, no jejum e nas boas obras

(1.1–22.76)

A pureza de coração.

1.1. Depois da misericórdia, cujo tratado terminou com o livro primeiro, segue a pureza do coração, com a qual tem início este livro. Mas, a pureza do coração é semelhante aos olhos, pelos quais se vê a Deus; e para mantê-los claros é preciso ter tanto cuidado quanto o exige a dignidade do ser que com o olho se pode conhecer. Mas é difícil que neste olho, em grande parte purificado, não se insinuem algumas imundícies pelas coisas que costumam acompanhar as nossas próprias boas ações, por exemplo, o louvor humano. Certamente, é pernicioso não viver corretamente; porém, viver corretamente e não ser louvado, que outra coisa é, senão ser inimigo das coisas humanas, que são tanto mais dignas de compaixão quanto menos agrada a correta vida dos homens? Portanto, se aqueles entre os quais vives não te louvarem porque vives corretamente, eles estão no erro; mas se te louvarem, tu estás em perigo, a não ser que tenhas um coração tão simples e limpo que não faças aquilo que fazes corretamente por causa do louvor dos homens; e mais te alegres por aqueles que corretamente te louvam, aos quais mais agrada o que é bom do que tu;

senão porque vives corretamente, embora ninguém te louve, e então compreenderias que o teu próprio louvor é útil aos que te louvam, se não honram a tua vida boa, mas a Deus, porque quem vive bem é seu santíssimo templo, para que se cumpra aquilo que diz Davi: *A minha alma gloria-se no Senhor; ouçam os humildes e se alegrem* (Sl 33,3). Portanto, ao agir corretamente compete ao olho puro não ter em mente os louvores dos homens e não referir a eles as boas ações que realizas, isto é, fazer algo corretamente para agradar aos homens. Assim, será um bem até simular uma boa ação, se não se espera somente que o homem louve, porque quem não pode ver o coração, pode também louvar coisas falsas. E os que fazem isso, isto é, aqueles que simulam a bondade, têm coração duplo. Portanto, tem um coração simples, isto é, um coração puro, somente aquele que supera os louvores humanos e, ao viver bem, dá atenção somente a ele e se esforça por lhe agradar, pois somente ele é o observador da consciência. E aquilo que provém da pureza da consciência é tanto mais louvável quanto menos deseja os louvores humanos.

Onde colocar o objetivo do nosso propósito.

1.2. Diz o Senhor: *Guardai-vos de fazer a vossa justiça diante dos homens, a fim de serdes vistos por eles*; isto é: Guardai-vos de viver honestamente com este espírito e de estabelecer o vosso bem para que os homens vos vejam! *Caso contrário, não tereis direito à recompensa do vosso Pai, que está nos céus* (Mt 6,1); não se sois vistos pelos homens, mas se viveis com honestidade precisamente para serdes vistos pelos homens. Pois onde estará aquilo que foi dito no início desse discurso: *Vós sois a luz* *do mundo. Não pode esconder-se uma cidade situada sobre um monte; nem se acende uma lucerna, e se põe debaixo do alqueire, mas sobre o candeeiro, a fim de que dê luz a todos os que estão em casa. Assim brilhe a vossa luz diante dos homens, para que vejam as vossas boas obras.* E não terminou aqui, mas acrescentou: *E glorifiquem o vosso Pai, que está nos céus* (Mt 5,14-16). Aqui, porém, porque censura que se coloca o objetivo das boas obras, isto é, se agimos com honestidade somente para sermos vistos pelos homens, depois que disse: *Guardai-vos de fazer a vossa justiça diante dos homens, a fim de serdes vistos por eles* (Mt 6,1), nada acrescentou. Nisso aparece que não proibiu que se aja com honestidade diante dos homens, mas que se aja com honestidade diante dos homens para sermos vistos por eles, isto é, que objetivemos isso e ali coloquemos o objetivo do nosso propósito.

Paulo disse que não agradava aos homens.

1.3. Com efeito, também o Apóstolo diz: *Se ainda agradasse aos homens, não seria servo de Cristo* (Gl 1,10), enquanto em outro lugar diga: *Agradai a todos em tudo, como também eu em tudo procuro agradar a todos* (1Cor 10,32-33). Os que não entendem isso, julgam uma contradição, pois ele disse não agradar aos homens porque não agia honestamente para agradar aos homens, mas para agradar a Deus, para cujo amor queria converter os corações dos homens pelo próprio fato de agradar aos homens. Por isso, corretamente, afirmava não agradar aos homens, porque percebia que nisso agradava a Deus; e honestamente percebia que se deve agradar aos homens, não para se desejar isso como recompensa das boas obras, mas porque não poderia agradar a Deus quem não se oferecesse para ser imitado por aqueles que quereria levar à salvação; de modo algum, porém, alguém pode imitar uma pessoa que não lhe agrada. Portanto, assim como não falaria absurdamente quem disser: Nesta atividade, com a qual procuro a nave, não procuro a nave, mas a pátria, assim o Apóstolo falaria com coerência: Nesta atividade com a qual agrado aos homens, não agrado a eles, mas a Deus, porque não desejo isso, mas procuro que me imitem aqueles que quero que sejam salvos. Assim diz da oferta que se faz pelos santos: *Não é que eu busque dádivas, mas busco o fruto* (Fl 4,17); isto é: Quando busco a vossa dádiva, não é isso que busco, mas o vosso fruto. Com efeito, dessa informação podia aparecer quanto tivessem progredido para Deus, porque de boa vontade faziam o que lhes era exigido não por causa do prazer dos dons, mas por causa da comunhão da caridade.

Não busquemos o louvor humano.

1.4. Também quando acrescenta e diz: *Caso contrário, não tereis direito à recompensa do vosso Pai, que está nos céus* (Mt 6,1), nada mais indica senão que é preciso evitar que busquemos o louvor humano como recompensa pelas nossas ações, isto é, iludir-se de que com ele nos tornamos felizes.

Quem quer parecer o que não é, é um hipócrita.

2.5. Diz o Senhor: *Quando, pois, dás esmola, não faças tocar a trombeta diante de ti, como fazem os hipócritas nas sinagogas e nas ruas, para serem louvados pelos homens* (Mt 6,2). Não queiras fazer-te notar, diz, como os hipócritas. Todavia, é evidente que os hipócritas não trazem também no coração aquilo que expõem aos olhos dos homens. De fato, os hipócritas são dissimuladores, como os representadores de outras pessoas nas peças teatrais. Por exemplo, quem na tragédia faz a parte de Agamemnon, ou de outro personagem qualquer da história ou da mitologia, não é realmente ele, mas o representa e é chamado hipócrita. Assim na Igreja ou em toda a vida humana, quem quer parecer o que não é, é um hipócrita. Com efeito, simula um justo, não o exibe, porque põe todo o fruto no louvor dos homens, que podem conseguir também aqueles que simulam, quando enganam aqueles aos quais parecem bons e por eles são louvados. Mas estes não recebem a recompensa de Deus, o inspetor dos corações, mas somente a punição do engano. Mas *dos homens receberam*, diz, *a sua recompensa* (Mt 6,2). E com muita justiça lhes é dito: *Afastai-vos de mim, vós que praticais a iniquidade* (Mt 7,23); com efeito, tivestes o meu nome, mas não praticastes as minhas obras. Portanto, receberam a sua recompensa aqueles que dão esmola somente para serem louvados pelos homens; não se são louvados pelos homens, mas se a fazem precisamente para serem louvados, como foi tratado acima. De fato, o louvor humano não deve ser desejado por quem faz obras boas, mas deve acompanhar quem as faz, para que sejam melhores aqueles que podem imitar aquilo que louvam e não porque pensa que, louvando-o, eles lhe sejam úteis.

É necessário que o inimigo não saiba, quando damos esmola.

2.6. *Tu, porém, quando deres esmola, não saiba a tua esquerda o que faz a tua direita* (Mt 6,3). Se entenderes que por esquerda são indicados os não cristãos, vê-se que não existe culpa em agradar aos cristãos, já que nos é absolutamente proibido colocar o fruto e o fim da boa obra no louvor de qualquer um dos homens. Mas, quanto a isso, a fim de que te imitem aqueles aos quais agradam as tuas boas ações, deve-se mostrar não somente aos cristãos, mas também aos não cristãos, para que ao louvar as nossas boas ações honrem a Deus e cheguem à salvação. Mas, se por esquerda entenderes um inimigo, para que teu inimigo não saiba quando dás esmola, por que o próprio Senhor, misericordiosamente, curou algumas pessoas na presença dos judeus, seus inimigos? Por que o apóstolo Pedro, tendo curado aquele coxo do qual teve misericórdia na porta Formosa, teve de sofrer a ira dos inimigos contra si e contra os outros discípulos de Cristo? (cf. At 3,1-8). Depois, se é necessário que o inimigo não saiba quando damos esmola, como agiremos com o próprio inimigo para cumprirmos o preceito: *Se o teu inimigo tem fome, dá-lhe de comer, se tem sede, dá-lhe de beber* (Rm 12,20).

A absurda opinião daqueles que dizem que pelo termo esquerda é indicada a mulher.

2.7. De modo geral, existe uma terceira opinião dos carnais, tão absurda e ridícula que não a recordaria, se não soubesse por experiência que não poucos estão presos ao erro quando dizem que pelo termo esquerda é indicada a mulher. Ora, porque, na gestão da família, as mulheres costumam ser mais firmes com o dinheiro, por causa dos litígios domésticos, elas não deveriam saber quando seus maridos dão alguma esmola aos necessitados. Como se somente os homens fossem cristãos, e este preceito não fosse dado também às mulheres. Portanto, a qual esquerda a mulher é obrigada a ocultar a obra de sua misericórdia? Ou será que também o homem é a esquerda da mulher? E isso é muito absurdo. Ou se alguém pensar que um é a esquerda do outro, se por um é distribuído algo do patrimônio familiar de modo que seja contra a vontade do outro, tal matrimônio não seria cristão. Mas é necessário que se um deles quiser dar esmola por preceito de Deus, quem tiver algo contra seja inimigo do preceito de Deus e, por isso, seja contado entre os não cristãos. E sobre tais assuntos é preceito que, mediante um bom relacionamento e comportamento, o marido cristão conquiste a mulher, ou a mulher cristã, o marido (cf. 1Cor 7,14). Por isso, não devem ocultar um ao outro as próprias boas obras, às quais devem estimular-se mutuamente, para que um possa convidar o outro à comunhão da fé cristã. E não se devem fazer furtos para ganhar a Deus. Mas se algo deve ser ocultado, enquanto a fraqueza do outro não pode suportar isso de ânimo sereno – o que, afinal, não é injusto nem ilícito –, todavia, do exame de toda a passagem não aparece facilmente o que aqui se indica por esquerda, na qual ver-se-á junto o que chamará esquerda.

A esquerda parece simbolizar o próprio prazer do louvor.

2.8. O Senhor diz: *Guardai-vos de fazer a vossa justiça diante dos homens, com o fim de serdes vistos por eles; caso contrário, não tereis direito à recompensa do vosso Pai, que está nos céus* (Mt 6,1). Aqui falou da justiça em geral, depois falará separadamente. Uma parte da justiça é a obra que se realiza mediante a esmola e, por isso, une-a dizendo: *Quando, pois, dás esmola, não faças tocar a trombeta diante de ti, como fazem os hipócritas nas sinagogas e nas ruas, para serem louvados pelos homens* (Mt 6,2). A isso corresponde aquilo que disse acima: *Guardai-vos de fazer a vossa justiça diante dos homens, para serdes vistos por eles*. Porém, aquilo que segue: *Em verdade vos digo, receberam sua recompensa*, refere-se àquilo que expressou acima: *Caso contrário, não recebereis a recompensa de vosso Pai, que está nos céus*. Depois continua: *Tu, porém, quando deres esmola*. Quando diz: *Tu, porém*, o que diz diferente do que: não como aqueles? O que me ordena, então? Diz: *Tu, porém, quando deres esmola, não saiba a tua esquerda o que faz a tua direita* (Mt 6,3). Portanto, eles agem de modo que sua esquerda saiba o que faz a sua direita. Por isso, a ti se proíbe fazer aquilo que neles é censurável. Ora, neles é censurável que façam de modo a buscar os louvores dos homens. Portanto, nada é mais consequente deduzir que a esquerda parece simbolizar o próprio prazer do louvor. A direita, porém, simboliza a intenção de cumprir os preceitos divinos. Por isso, quando à consciência de quem dá esmola se une o desejo do louvor humano, a esquerda torna-se consciente da ação da direita. Portanto, *não saiba a tua esquerda o que faz a tua direita*, isto é: Não se una o desejo do louvor humano à tua consciência, quando, ao dar a esmola, procuras cumprir o preceito divino.

A esmola seja em segredo.

2.9. *Para que a tua esmola fique em segredo* (Mt 6,4). O que significa em segredo, a não ser na própria boa consciência, que não se pode mostrar aos olhos humanos, nem revelar com as palavras? De fato, muitos dizem muitas mentiras. Por isso, se a direita age interiormente, em segredo, compete à esquerda todas as coisas exteriores, que são visíveis e temporais. Portanto, a tua esmola aconteça na própria consciência, onde muitos dão esmola com a boa vontade, embora não tenham dinheiro, ou qualquer outra coisa que se possas doar ao necessitado. Mas, muitos agem externamente, e não agem internamente, enquanto querem parecer misericordiosos ou por ambição ou por graça de qualquer outro proveito temporal, pois deve-se considerar que neles age somente a esquerda. E mais, outros mantêm uma posição intermediária, como que entre uns e outros, de modo que dão esmola tanto com a intenção voltada para Deus, como, todavia, insere-se nesta ótima vontade também um certo desejo do louvor ou de alguma outra vantagem frágil e temporal. Mas nosso Senhor, insistentemente, proíbe que em nós aja somente a esquerda, quando também proíbe que ela se insinue nas obras da direita, isto é, que não só evitemos dar esmola pelo único desejo dos bens temporais, mas também que nesta obra não voltemos a atenção para Deus de modo que se misture ou se acrescente o desejo de vantagens exteriores. Com efeito, trata-se de purificar o coração de modo que se não for claro, não será puro. Mas, como será claro se serve a dois senhores (cf. Mt 6,24) e não purifica o seu brilho só com a intenção das coisas eternas, mas o ofusca também com o amor às coisas mortais e frágeis? Portanto, *que a tua esmola fique em segredo, e teu Pai, que vê o que fazes em segredo, recompensar-te-á* (Mt 6,4). Absolutamente justo e verdadeiro. Com efeito, se esperas o prêmio daquele que é o único inspetor da consciência, seja-te suficiente a própria consciência para merecer o prêmio! Muitos códices latinos dizem assim: *E teu Pai, que vê em segredo, recompensar-te-á abertamente*. Mas, porque nos gregos, que são anteriores, não encontramos *abertamente*, julgamos que aqui não se deveria tratar disso.

Nas orações, não ajas para seres visto pelos homens.

3.10. *E quando orardes*, diz, *não sejais como os hipócritas, que gostam de orar em pé nas sinagogas e nos cantos das praças, a fim de serem vistos pelos homens* (Mt 6,5). Também nesta passagem não é proibido ser visto pelos homens, mas realizar estas ações para que sejas visto pelos homens. E inutilmente repetimos muitas vezes as mesmas coisas, porque deve-se conservar uma única regra, pela qual se sabe que não se deve temer ou evitar se os homens conhecem esses fatos, mas se são feitos com a intenção de esperar deles o fruto de agradar aos homens. E o Senhor usa as mesmas palavras, quando acrescenta de forma semelhante: *Em verdade vos digo, já receberam sua recompensa*, mostrando proibir que se deseje aquela recompensa de que gozam os tolos, quando são louvados pelos homens.

Deve-se fechar a porta, para que a oração espiritual seja dirigida ao Pai.

3.11. *Vós, porém, quando orardes*, diz, *entrai no vosso quarto* (Mt 6,6). O que são esses quartos, senão os próprios corações, que também são simbolizados num salmo, onde se diz: *Do que pensais nos vossos corações, compungi-vos no retiro dos vossos leitos?* (Sl 4,5). *E, fechada a porta*, diz, *orai a vosso Pai em segredo*. É pouco entrar no quarto se a porta estiver aberta aos importunos, porque pela porta, perfidamente, irrompem as coisas de fora e atacam a nossa interioridade. Mas, dissemos que estão fora todas as coisas temporais e visíveis que, pela porta, isto é, pelo sentido carnal, introduzem-se nos nossos pensamentos e, pela turba das vãs imaginações, perturbam os que rezam. Portanto, deve-se fechar a porta, isto é, deve-se resistir ao sentido carnal, para que a oração espiritual seja dirigida ao Pai, porque ela acontece nas profundezas do coração, quando se reza ao Pai em segredo. *E vosso Pai*, diz, *que vê em segredo, recompensar-vos-á* (Mt 6,6). E com tal cláusula o assunto deveria terminar. De fato, com ele não nos exorta a rezar, mas como devemos rezar; e acima não para darmos esmola, mas com que intenção devemos dá-la (cf. Mt 6,2-4), porque impõe que se purifique o coração, que não é purificado senão pelo único e claro desejo da vida eterna no único e puro amor da sabedoria.

É próprio dos gentios julgar que são ouvidos pelas muitas palavras.

3.12. *Nas vossas orações*, diz, *não useis muitas palavras como os gentios, os quais julgam que serão ouvidos à força de muitas palavras* (Mt 6,7). Como é próprio dos hipócritas mostrar-se em oração para serem vistos, pois sua intenção é agradar aos homens, assim é próprio dos pagãos, isto é, dos gentios, julgar que são ouvidos pelas muitas palavras. E na verdade, o muito falar provém dos pagãos, que se esforçam mais em exercitar a linguagem do que em purificar o espírito. E procuram empregar esse tipo de esforço fútil também para convencer a Deus pela oração, assim como, pelas palavras, levam o juiz humano a proferir a sentença. *Por isso, não os imiteis, porque vosso Pai sabe o que vos é necessário, antes que vós lho peçais*

(Mt 6,8). Com efeito, se se pronunciam muitas palavras para informar e instruir aquele que não sabe, que necessidade existe para aquele que conhece todas as coisas, ao qual falam todas as coisas que existem pelo próprio fato de existir e se mostram como acontecidas? E as coisas que hão de vir não são desconhecidas à sua capacidade e à sua sabedoria, pois nelas todas as coisas estão presentes e não passantes, tanto as coisas que passaram, como as que hão de passar.

Nós devemos dirigir-nos a Deus com um amor puro e um afeto sincero.

3.13. Mas, porque também o Senhor está para dizer palavras, embora poucas, mediante as quais nos ensina a rezar, pode-se perguntar por que são necessárias essas poucas palavras para aquele que sabe todas as coisas antes que aconteçam, e sabe, como se disse, o que nos é necessário antes de lho pedirmos. A isso, primeiramente, responde-se que, para pedirmos o que queremos, não devemos dirigir-nos a Deus com palavras, mas com as obras que, pelo espírito e pela intenção do pensamento, cumprimos com um amor puro e um afeto sincero. Afinal, nosso Senhor nos ensinou as próprias coisas com palavras, para que, tendo-as transmitido à memória, nos recordássemos delas no tempo de orar.

Deus está sempre pronto a dar; mas nós nem sempre estamos prontos a receber.

3.14. Mas, novamente, pode-se perguntar – quer se deva rezar pelas obras, quer pelas palavras – que necessidade se tem da própria oração, se Deus já sabe o que nos é necessário, a não ser porque o próprio esforço da oração serene e purifique o nosso coração e o torne mais capaz de receber os dons divinos, que nos são infundidos espiritualmente. Com efeito, Deus não nos ouve pelo desejo das preces, porque Ele está sempre pronto a dar-nos sua luz, não visível, mas inteligível e espiritual; nós, porém, nem sempre estamos prontos a receber, já que nos inclinamos a outras coisas e somos obscurecidos pelo desejo das coisas temporais. Portanto, na oração, realiza-se a conversão do coração para aquele que está sempre pronto a dar, se nós recebermos aquilo que Ele der; e na própria conversão do coração acontece a purificação do olho interior, pois se excluem as coisas que temporalmente se desejam, para que o olhar de um coração puro possa acolher a clara luz que, divinamente, brilha sem qualquer ocaso ou mudança e não só acolhe, mas permanece nela, não apenas sem inquietação, mas também com uma inefável alegria, pela qual se realiza, verdadeira e sinceramente, a vida feliz.

O que o Senhor nos mandou rezar, pelo qual tanto aprendemos o que rezar quanto conseguimos o que rezamos.

4.15. Mas já se deve considerar as coisas que nos mandou rezar, pelas quais tanto aprendemos o que rezar quanto conseguimos o que rezamos. Ele diz: *Vós, pois, orai assim: Pai nosso, que estás nos céus, santificado seja o teu nome. Venha o teu reino. Seja feita a tua vontade, assim na terra como no céu. O pão nosso de cada dia nos dá hoje. Perdoa-nos as nossas ofensas assim como nós perdoamos aos que nos têm ofendido. E não nos deixes cair em tentação, mas livra-nos do mal* (Mt 6,9-13). Já que em toda a súplica se deve cativar a benevolência daquele que invocamos e depois dizer o que invocamos, costuma-se cativar a benevolência com o louvor daquele ao qual é dirigida a oração e costuma-se pôr esse louvor no início da oração. Nesse início, nosso Senhor nada mais nos mandou dizer senão: *Pai nosso que estás no céu*. Para o louvor de Deus são ditas muitas coisas que estão espalhadas de vários modos e em toda parte nas santas Escrituras e que alguém pode considerar quando as lê; todavia, nunca se encontra que ao povo de Israel tenha sido ordenado dizer: *Pai nosso* ou orar a Deus Pai: mas o Senhor lhes é indicado como a escravos, isto é, a quem ainda vive segundo a carne. Digo isso, porém, do tempo em que recebiam os preceitos da Lei, que eram obrigados a observar; ora, muitas vezes os profetas mostram que o mesmo Senhor Deus poderia ser também seu Pai, se não transgredissem seus mandamentos, como é a expressão: *Criei filhos e os fiz crescer, mas eles se rebelaram contra mim* (Is 1,2); e aquela outra: *Eu disse: Sois deuses e todos filhos do Altíssimo. Mas vós, como homens, morrereis, e caireis como um príncipe qualquer* (Sl 81,6-7); e aquela outra: *Se sou o Senhor, onde está o meu temor? E se sou Pai, onde está a minha honra?* (Ml 1,6). Há ainda muitas outras expressões, onde os judeus são censurados porque, pecando, não quiseram ser filhos, excetuadas as expressões que na profecia falam do futuro povo cristão, que teria tido a Deus como Pai, segundo a palavra do Evangelho: *Deu-lhes o poder de se tornarem filhos de Deus* (Jo 1,12). O apóstolo Paulo, porém, diz: *Enquanto o herdeiro é menor, em nada difere de um servo* (Gl 4,1); e recorda que nós temos recebido o espírito de adoção, *no qual clamamos: Abba, Pai* (Rm 8,15).

Recebemos um grande dom, para que nos seja permitido dizer a Deus: *Pai nosso*.

4.16. E já que seremos chamados à eterna herança, para sermos coerdeiros de Cristo e chegarmos à adoção de filhos (cf. Rm 8,17.23), não é próprio dos nossos méritos, mas da graça de Deus, recorremos à mesma graça no início da oração, quando dizemos: *Pai nosso*. Com este nome, tanto se acorda a caridade – afinal, o que deve ser mais caro aos filhos do que o pai? – quanto o afeto de súplica, quando os homens dizem a Deus: *Pai nosso*; e também uma certa presunção de obter o que estamos para pedir, porque antes de pedir qualquer coisa, recebemos um dom tão grande que nos é permitido dizer a Deus: *Pai nosso*. Com efeito, o que já não dará aos filhos que pedem, se antes disso já concedeu que sejam filhos? Enfim, quanto cuidado deve ter o espírito, para que quem diz: *Pai nosso*, não seja indigno de tão grande Pai? Com efeito, se a um homem da plebe fosse permitido chamar de pai um senador de mais idade, sem dúvida tremerá e não ousará fazê-lo facilmente, considerando a humildade de sua origem, a falta de bens e a vileza da condição plebeia; portanto, quanto mais deve-se tremer por chamar a Deus de Pai, se tanta é a ruína e tantas as misérias nos costumes que, com muito mais justiça, Deus as afasta de sua união do que um senador afasta a pobreza de um mendigo; de fato, este despreza no mendigo um estado ao qual também ele, pela caducidade das condições humanas, poderia chegar, enquanto Deus jamais cai em costumes depravados. E graças à sua misericórdia porque, para ser nosso Pai, não exige de nós algo que se possa obter com alguma obra, mas somente com a boa vontade! Aqui são admoestados também os ricos em geral e os nobres segundo o mundo, porque simultaneamente dizem a Deus: *Pai nos-*

so, o que não podem dizer verdadeira e piedosamente se não se reconhecerem irmãos.

Com razão diz-se *que estás nos céus*: que estás nos santos.

5.17. Portanto, o novo povo, chamado à eterna herança, use a palavra do Novo Testamento e diga: *Pai nosso que estás nos céus* (Mt 6,9), isto é, nos santos e nos justos; pois Deus não é contido pelo espaço dos lugares. Os céus, porém, são os excelentes corpos do mundo, mas sempre corpos, que não podem existir a não ser no espaço. Mas, se se crê que o lugar de Deus seja nos céus enquanto são as partes mais altas do mundo, de maior mérito são as aves, cuja vida está mais próxima de Deus. Mas não está escrito: O Senhor está perto dos homens mais altos, ou daqueles que habitam nos montes, mas está escrito: *O Senhor está perto daqueles que têm o coração atribulado* (Sl 33,19), e isso refere-se mais à humildade. Mas como o pecador foi considerado terra, quando lhe foi dito: *És terra e à terra hás de voltar* (Gn 3,19), assim, ao contrário, o justo pode ser considerado céu. Realmente, aos justos se diz: *Com efeito, é santo o templo de Deus, e esse templo sois vós* (1Cor 3,17). Por isso, se Deus habita no seu templo e os santos são o seu templo, com razão diz-se *que estás nos céus*: que estás nos santos. E esta comparação é muito apropriada, para que espiritualmente apareça existir tanta diferença entre justos e pecadores quanta corporalmente existe entre o céu e a terra.

Deus está presente em toda a parte, não nos espaços dos lugares, mas com o poder da majestade.

5.18. Para simbolizar isso, quando estamos de pé para a oração, voltamo-nos para o oriente, de onde surge o céu; não porque Deus habite ali, como se tivesse abandonado as outras partes do mundo aquele que está presente em toda a parte, não no espaço dos lugares, mas com o poder da majestade; porém, para que a alma seja admoestada a voltar-se para um ser mais eminente, isto é, para Deus, para que seu corpo, que é terrestre, se volte para um corpo mais perfeito, isto é, para um corpo celeste. Convém também aos graus da religião e influi muito que, com os sentidos de todos, quer dos pequenos, quer dos grandes, se pense bem de Deus. E por isso aqueles que ainda se dedicam às belezas visíveis e não conseguem pensar em algo incorpóreo, porque é necessário preferir o céu à terra, a opinião deles é mais tolerável se crerem que Deus, no qual ainda pensam corporalmente, está antes no céu do que na terra, para que, enfim, quando vierem a saber que a dignidade da alma é superior também a um corpo celeste, procuram a Deus antes na alma do que também no corpo celeste; e quando souberem da diferença que existe entre as almas dos pecadores e as dos justos, como não ousavam, quando ainda gostavam das coisas da carne (cf. Rm 8,5), colocar Deus na terra, mas no céu; assim depois, com fé melhor ou com mais inteligência, buscam-no antes na alma dos justos do que naquela dos pecadores. Portanto, corretamente se entende que quando está dito: *Pai nosso que estás nos céus*, significa no coração dos justos, como no seu templo santo (1Cor 3,17). Ao mesmo tempo também, quem reza quer que nele habite aquele que invoca; e quando alcança isso, pratique a justiça, porque com essa ação Deus é convidado a habitar na alma.

Santificado seja o teu nome.

5.19. E agora vejamos aquilo que se deve pedir! Com efeito, foi dito quem é aquele que é invocado e onde habita. Ora, a primeira de todas as coisas que se pede é: *Santificado seja o teu nome* (Mt 6,9). E não se pede de forma como se o nome de Deus não fosse santo, mas que seja considerado santo pelos homens, isto é, que Deus se revele a eles de tal maneira que não julguem algo mais santo e que nada temam ofender mais. Com efeito, não é porque está dito: *Deus é conhecido na Judeia; grande é o seu nome em Israel* (Sl 75,2), que se deva entender assim como se Deus fosse menor num lugar, maior em outro, mas que seu nome é grande onde é nomeado pela grandeza de sua majestade. Assim, seu nome é considerado santo lá onde é nomeado com veneração e com temor de ofensa. E é isto que agora acontece, enquanto o Evangelho, difundindo-se ainda entre os vários povos, celebra, pela mediação de seu Filho, o nome do único Deus.

Venha o teu reino.

6.20. Depois continua: *Venha o teu reino* (Mt 6,10). Como o próprio Senhor ensina no Evangelho, há de vir o dia do juízo quando o Evangelho for pregado em todos os povos; e isso pertence à santificação do nome de Deus. Com efeito, quando agora se diz: *Venha o teu reino*, não se deve entender como se agora Deus não reinasse. Mas, talvez, alguém poderia dizer que *Venha* significa na terra; como se, na verdade, agora Ele não reinasse na terra, embora nela sempre tenha reinado desde a criação do mundo. Portanto, por *Venha* deve-se entender: manifeste-se aos homens. Pois, como a presente luz é ausente aos cegos e àqueles que fecham os olhos, assim o reino de Deus, embora nunca abandone a terra, todavia, está ausente àqueles que não o conhecem. Porém, a ninguém será lícito ignorar o reino de Deus, porque seu Unigênito veio do céu no homem do Senhor para julgar os vivos e os mortos não só inteligivelmente, mas também visivelmente. E depois desse juízo, isto é, quando for feita a distinção e a separação dos justos e dos injustos, Deus habitará nos justos de modo que não será mais necessário ensinar pelo homem, mas, como está escrito, *todos serão ensinados por Deus* (Jo 6,45; Is 54,13; Jr 31,33-34; 1Ts 4,9). Depois, a felicidade realizar-se-á totalmente para sempre nos santos, como agora os anjos do céu, santíssimos e felicíssimos, somente com a iluminação de Deus têm a plenitude do saber e da felicidade, porque o Senhor prometeu também isso aos seus: *Na ressurreição, diz, serão como os anjos nos céus* (Mt 22,30).

Seja feita a tua vontade...

6.21. E por isso, depois do pedido pelo qual dizemos: *Venha o teu reino*, segue-se: *Seja feita a tua vontade assim na terra como no céu* (Mt 6,10), isto é, como a tua vontade está nos anjos, que estão nos céus, de modo que estão totalmente unidos a ti e em ti são felizes, para que nenhum erro escureça a sabedoria deles, nenhuma miséria impeça sua felicidade, assim aconteça nos teus santos, que estão na terra e são da terra e quanto ao corpo foram feitos, e embora na habitação e imutabilidade celeste, todavia, devem ser elevados da terra. A isso se refere também aquele anúncio dos anjos: *Glória a Deus no mais alto dos céus, e paz na terra aos homens de boa vontade* (Lc 2,14), para que quando preceder a nossa boa vontade, que segue aquele que chama, cumpra-se em nós a vontade de Deus, como está nos anjos do céu, para que nenhuma adversidade impeça a nossa felicidade, o que é a paz. Igualmente, *seja feita a tua vontade*, corretamente, entende-se: obedeça-se aos teus preceitos, *assim na terra como no céu*, isto é, tanto pelos anjos como pelos homens. Pois o próprio Senhor afirma que se cumpre a vontade de Deus quando se obedece aos seus preceitos, quando diz: *A minha comida é fazer a vontade daquele que me enviou* (Jo 4,34), e muitas vezes: *Não busco fazer a minha vontade, mas a vontade daquele que me enviou* (Jo 5,30; 6,38; Mt 26,39); e quando diz: *Eis minha mãe e meus irmãos. Porque todo aquele que fizer a vontade de meu Pai, que está nos céus, esse é meu irmão e irmã e mãe* (Mt 12,49-50). Portanto, aqueles que cumprem a vontade de Deus, precisamente neles cumpre-se a vontade de Deus, não porque eles fazem que Deus queira, mas porque fazem aquilo que Ele quer, isto é, fazem segundo a sua vontade.

...assim na terra como no céu.

6.22. Existe também um outro significado: *Seja feita a tua vontade assim na terra como no céu* (Mt 6,10): tanto nos santos e justos, como também nos pecadores. E esse significado pode-se ainda entender de dois modos: quer para que rezemos também por nossos inimigos – porque devem ser considerados tais aqueles para os quais o nome cristão e católico aumenta contra a vontade – para que se diga: *Seja feita a tua vontade assim na terra como* *no céu*, como se se dissesse: Cumpram a tua vontade tanto os justos quanto também os pecadores, para que se convertam a ti; quer assim: *Seja feita a tua vontade assim na terra como no céu*, para que a cada um se dê o que é seu; e isso acontece no último juízo, de modo que se dê o prêmio aos justos, a condenação aos pecadores, quando as ovelhas serão separadas dos cabritos (cf. Mt 25,32-33).

Por céu e terra, convenientemente, entende-se espírito e carne...

6.23. Não é absurdo, e até é muito conveniente à nossa fé e esperança, que por céu e terra entendamos espírito e carne. E porque o Apóstolo diz: *Com a mente sirvo à Lei de Deus, e com a carne sirvo à lei do pecado* (Rm 7,25), vemos que a vontade de Deus se cumpre na mente, isto é, no espírito. Porém, quando a morte for absorvida na vitória, e este corpo mortal for revestido de imortalidade, e isso acontecerá com a ressurreição da carne e com aquela imutabilidade que é prometida aos justos segundo a pregação ao mesmo Apóstolo (cf. 1Cor 15,53-54), será feita a vontade de Deus assim na terra como no céu; isto é, como o espírito não resiste a Deus quando segue e faz sua vontade, assim também o corpo não resistirá ao espírito ou à alma, que agora é maltratada pela fraqueza do corpo e inclinada ao comportamento carnal. E na vida eterna, faz parte da paz perfeita não só querer que nos atraia, mas também realizar o bem. O Apóstolo diz: *Pois agora, querer o bem está a meu alcance, mas não como realizá-lo completamente* (Rm 7,18), porque ainda não na terra como no céu, isto é, ainda não na carne como no espírito é cumprida a vontade de Deus.

De fato, também na nossa miséria cumpre-se a vontade de Deus quando, através da carne, sofremos os males que, por direito, são devidos à mortalidade, que nossa natureza mereceu pelo pecado. Mas deve-se rezar para que a vontade de Deus seja feita assim na terra como no céu, isto é, para que como temos prazer na Lei de Deus segundo o homem interior, assim também, realizada a imutabilidade do corpo, nenhuma parte nossa se oponha ao nosso consenso, por causa das dores terrenas ou dos prazeres.

...quase homem e mulher.

6.24. Nem diverge da verdade, que aceitemos: *Seja feita a tua vontade assim na terra como no céu* (Mt 6,10), como no próprio Senhor Jesus Cristo, assim também na Igreja, como no homem que cumpriu a vontade do Pai, assim também na mulher que se casou com ele. Com efeito, no céu e na terra se reconhecem como que o homem e a mulher, porque, fecundada pelo céu, a terra é frutífera.

O pão nosso de cada dia dá-nos hoje.

7.25. O quarto pedido é: *O pão nosso de cada dia dá-nos hoje* (Mt 6,11). O pão quotidiano foi indicado ou por todas as coisas que sustentam a necessidade desta vida, sobre o qual ordenou quando diz: *Não vos preocupeis pelo dia de amanhã* (Mt 6,34), e por isso acrescentou: *dá-nos hoje*; ou foi indicado pelo sacramento do corpo de Cristo, que recebemos diariamente; ou pelo alimento espiritual, do qual o mesmo Senhor diz: *Trabalhai pelo alimento que não perece* (Jo 6,27); e ainda:

Eu sou o pão da vida, que desci do céu (Jo 6,41). Mas pode-se examinar qual destas três é a mais provável. Com efeito, alguém poderia impressionar-se que rezamos para obter coisas necessárias a esta vida, como é o alimento e a veste, quando o próprio Senhor diz: *Não vos preocupeis com aquilo que comereis ou o que vestireis* (Lc 12,22). Ou alguém pode não se preocupar com o bem que quer obter com a oração, já que a oração deve ser dirigida com tanto fervor de espírito, que a tudo isso se refere aquilo que foi dito sobre o dever de fechar o quarto (cf. Mt 6,6) e também aquilo que diz: *Buscai em primeiro lugar o reino de Deus, e todas essas coisas vos serão dadas por acréscimo* (Mt 6,33)? Ora, não diz: *Buscai em primeiro lugar o reino de Deus* e depois buscai essas coisas, mas diz: *todas essas coisas vos serão dadas por acréscimo*, isto é, também se não as pedirdes. Porém, não sei se se consiga saber por que se diz, corretamente, que alguém não peça aquilo que para obtê-lo se reza a Deus com grande fervor.

O sacramento do corpo do Senhor foi declarado pão de cada dia.

7.26. Porém, tratemos do sacramento do corpo do Senhor, para que não façam objeções aqueles muitos que, nas regiões do Oriente, não comungam diariamente da ceia do Senhor, embora este pão foi declarado quotidiano! Portanto, que se calem e não defendam sua opinião sobre esse assunto, até pela própria autoridade eclesiástica, já que fazem isso sem escândalo e não são proibidos de fazê-lo por aqueles que comandam as igrejas, e não são condenados aqueles que não obedecem! Disso se evidencia que naquelas regiões este não é considerado um pão de cada dia; pois seriam acusados de grave pecado aqueles que não o recebem todos os dias. Mas para que sobre estes, como foi dito, nada expusemos em parte alguma, aquilo certamente deve ocorrer aos que pensam que não receberam do Senhor a norma de rezar, que não é conveniente transgredir, quer acrescentando, quer tirando algo. Sendo assim, quem ousa dizer que devemos rezar somente uma vez a oração do Senhor, ou certamente, se também uma segunda ou terceira vez, todavia, até aquela hora em que comungamos o corpo do Senhor e que depois não se deve rezar assim pelo resto do dia? Com efeito, não poderíamos dizer: *Dá-nos hoje* aquilo que já recebemos. Ou alguém poderá obrigar que celebremos o sacramento também na última parte do dia?

A palavra de Deus é chamada pão de cada dia.

7.27. Resta, pois, que entendamos o pão de cada dia como espiritual, isto é, como preceitos divinos, que é necessário meditar e observar todos os dias. Com efeito, deles o Senhor diz: *Trabalhai pelo alimento que não perece* (Jo 6,27). Agora, porém, este alimento é considerado quotidiano, enquanto esta vida decorre pelos dias que vão e que vêm. E na verdade, quando o estado de espírito se alterna, ora nos bens superiores, ora naqueles inferiores, isto é, ora nos espirituais, ora naqueles carnais, como aquele que ora se nutre de alimento, ora sofre a fome, cada dia é necessário o pão, para que se refaça quem tem fome e se levante aquele que caiu. Assim, pois, nesta vida, isto é, antes daquela imutabilidade, o nosso corpo se refaz com o alimento, porque sente o gasto de forças; assim também o espírito, porque sofre mediante os afetos terrenos como que um gasto de forças na tensão para Deus, refaz-se pelo alimento dos preceitos. *Dá-nos hoje*, porém, foi dito do tempo que se chama hoje (Hb 3,13), isto é, nesta vida temporal. Afinal, depois desta vida, seremos saciados para sempre com um alimento espiritual, para que então não se diga pão de cada dia, porque ali não haverá volubilidade de tempo, que faz suceder os dias aos dias, de que toma significado cada dia. Como, porém, foi dito: *Se hoje ouvirdes a sua voz* (Sl 94,8), que o Apóstolo interpreta na carta dirigida aos *hebreus*: *Até que se diz hoje* (Mt 6,11), assim também aqui deve-se entender: *Dá-nos hoje*. Mas se alguém quer entender esta frase em relação ao necessário alimento do corpo, ou ao sacramento do corpo do Senhor, é conveniente que se entendam juntos estes três significados, isto é, que peçamos junto o pão de cada dia, tanto o necessário ao corpo, como aquele consagrado visivelmente e também aquele invisível da palavra de Deus.

Perdoa-nos, como também nós perdoamos.

8.28. Segue o quinto pedido: *E perdoa-nos as nossas ofensas, assim como nós perdoamos aos que nos têm ofendido* (Mt 6,12). É evidente que por ofensas entendem-se os pecados, quer no sentido que o próprio Senhor diz: *Não sairás de lá antes de ter pago o último centavo* (Mt 5,26), quer no sentido pelo qual chamou devedores aqueles que eram considerados mortos, quer pela queda da torre, quer porque Pilatos misturou seu sangue com o sangue do sacrifício (cf. Lc 13,1). Com efeito, afirmou que os homens os consideravam devedores além da medida, isto é, pecadores, e acrescentou: *Na verdade, eu vos digo, se não fizerdes penitência, morrereis todos do mesmo modo* (Lc 13,5). Portanto, aqui alguém não é obrigado a pagar dinheiro aos devedores, mas as coisas que o outro pecou contra ele. Pois a pagar o dinheiro somos antes obrigados pelo preceito do qual se falou acima: *E ao que quer chamar-te a juízo para te tirar a túnica, cede-lhe também a capa* (Mt 5,40). E por essas palavras não é necessário pagar a dívida a cada devedor de dinheiro, mas àquele que não quiser restituir, a ponto de até querer litigar. Ora, conforme diz o Apóstolo: *Não convém que o servo do Senhor se ponha a litigar* (2Tm 2,24). Portanto, deve-se perdoar àquele que, quer de boa vontade, quer porque é convidado, não quer restituir o dinheiro devido. E por dois motivos não quererá restituir: ou porque não tem, ou porque é avarento e cobiçoso das coisas alheias. Um e outro caso dizem respeito à pobreza; de fato, a primeira pobreza é de coisas familiares, a segunda, de espírito. Por isso, quem perdoa um débito a alguém, perdoa a um pobre e realiza uma obra cristã, porque permanece a norma de estar pronto a perder aquilo que lhe é devido. Porém, se de todos os modos agir modesta e suavemente para que lhe seja restituído, não visando tanto ao fruto do dinheiro quanto a corrigir o homem, ao qual, sem dúvida, é pernicioso ter algo a restituir e não restituir, não só não pecará, mas terá também a grande vantagem de o outro não sofrer um dano espiritual pelo fato de querer tirar proveito do dinheiro alheio. E isso é tanto mais grave, que não tem comparação alguma. Disso conclui-se que também neste quinto pedido, pelo qual dizemos: *Perdoa-nos as nossas ofensas assim como nós perdoamos aos que nos têm ofendido* (Mt 6,12), certamente, não se trata de dinheiro, mas de todos os casos em que alguém peca contra nós e, por isso, também de dinheiro. Por isso, peca contra ti quem se recusa a restituir-te o dinheiro devido, quando tem com que restituir. Se não perdoares esse pecado, não poderás dizer: *Perdoa-nos, como nós perdoamos*; mas se perdoares, verás que aquele ao qual se ordena rezar com tal oração é exortado também a perdoar o dinheiro.

Todos os pecados devem ser perdoados, se quisermos ser perdoados pelo Pai.

8.29. Na verdade, pode ser tratado também o seguinte. Porque dizemos: *Perdoa-nos, assim como nós perdoamos*, devemos dar-nos conta de ter agido contra essa regra se não perdoarmos a quem nos pede perdão, porque também nós, quando pedimos perdão, queremos ser perdoados pelo benigníssimo Pai. Por outro lado, porém, por aquele preceito pelo qual somos obrigados a rezar pelos nossos inimigos (cf. Mt 5,44), não somos obrigados a rezar por aqueles que pedem perdão. Afinal, porque pedem perdão, não são inimigos. Porém, de modo algum alguém diria, verdadeiramente, que reza por aquele que não tenha perdoado. Por isso, deve-se reconhecer que se devem perdoar todos os pecados que forem cometidos contra nós, se quisermos que o Pai nos perdoe as culpas que carregamos. De fato, penso que sobre a vingança já falamos bastante anteriormente.

E não nos lances na tentação.

9.30. O sexto pedido é: *E não nos lances na tentação* (Mt 6,13). Alguns manuscritos têm *induzas*, que julgo ter o mesmo significado. De fato, do único termo grego είσενέγκης foram traduzidas as duas palavras. Depois, ao rezar, muitos dizem assim: *E não nos permitas cair em tentação,* isto é, mostrando em que sentido é dito *induzas*. Com efeito, Deus não nos induz por si mesmo, mas permite que seja induzido aquele que por uma ordem ocultíssima e por méritos tiver privado de seu auxílio. Muitas vezes também, por causas manifestas, ele julga alguém digno de ser privado da ajuda, e permite também que seja induzido em tentação. Porém, uma coisa é ser induzido em tentação, outra é ser tentado. Com efeito, sem a tentação ninguém pode ser provado, quer por si mesmo, como está escrito: *Quem não é tentado, o que sabe?* (Eclo 34,9.11), quer por outros, como diz o Apóstolo: *E não desprezastes a vossa tentação na minha carne* (Gl 4,14). Realmente, desse fato ele os reconheceu firmes, porque não foram desviados da caridade por causa dos sofrimentos ocorridos ao Apóstolo segundo a carne. Pois somos conhecidos por Deus antes de todas as tentações, porque Ele sabe todas as coisas antes que aconteçam.

Deus nos põe à prova para fazer-nos saber.

9.31. Por isso, o que está escrito: *O Senhor, vosso Deus, vos põe à prova, para que saiba se o amais* (Dt 13,3), foi posto naquela locução: *Para que saiba,* por aquilo que é: para que vos faça saber; como dizemos ser alegre um dia que nos torna alegres e preguiçoso o frio porque nos torna preguiçosos e outras inumeráveis maneiras de falar que se encontram quer na maneira comum de falar, quer na linguagem dos doutores, quer nas santas Escrituras. Não compreendendo isso, os hereges, que são contrários ao *Antigo Testamento,* julgam que é como marcado pelo vício da ignorância o ser do qual foi dito: *O Senhor, vosso Deus, vos põe à prova,* como se no Evangelho do Senhor não estivesse escrito: *Porém, dizia isso para o experimentar, porque sabia o que havia de fazer* (Jo 6,6). Pois se conhecia o coração daquele que tentava, o que queria ver tentando? Mas, certamente, aquilo aconteceu para que aquele que era tentado refletisse sobre si mesmo e condenasse seu desespero, porque foram saciadas com o páo do Senhor as turbas que eles julgavam não terem o que comer (cf. Jo 6,7-13).

Contra os maniqueus, que não compreendem como satanás pôde falar com Deus.

9.32. Portanto, aqui não se reza para não sermos tentados, mas para não sermos lançados na tentação, como no caso daquele que deve ser examinado pelo fogo não reza para não ser tocado pelo fogo, mas para não ser queimado. Pois *o forno prova os vasos do oleiro, e a prova da tribulação, os homens justos* (Eclo 27,6). De fato, José foi tentado com a sedução do adultério, mas não foi lançado na tentação (cf. Gn 19,7-12). Susana foi tentada e não induzida ou lançada na tentação (cf. Dn 13,19-23) e muitos outros de ambos os sexos, mas sobretudo Jó. Os hereges, inimigos do *Antigo Testamento*, quando queriam com palavras sacrílegas zombar de sua admirável constância em Deus, seu Senhor, alegam de preferência a outros o episódio que satanás pediu para tentá-lo (cf. Jó 1,9-12). Com efeito, pedem aos homens ignorantes, absolutamente incapazes de compreender tais coisas, como satanás pôde falar com Deus, não refletindo – afinal, não podem, porque foram cegados pela superstição e pelo conflito – que Deus não ocupa espaço com a dimensão do corpo; e assim está num lugar e noutro não, ou ao menos tem uma parte aqui e outra parte em outro lugar, mas pela majestade está presente em toda parte, não está dividido em partes, mas é perfeito em toda parte. E se entendem materialmente o que é dito: *O céu é o meu trono e a terra é o escabelo de meus pés* (Is 66,1) e se esta passagem se refere também o Senhor, dizendo: *Não jureis de modo algum, nem pelo céu, porque é o trono de Deus, nem pela terra, porque é o escabelo de seus pés* (Mt 5,34-35), o que há de admirável se o diabo, chegado à terra, parou diante dos pés de Deus e disse algo na sua presença? (cf. Jó 1,7). Com efeito, quando aqueles conseguirão compreender que não existe alma, embora perversa, que, todavia, de algum modo pode raciocinar, em cuja consciência Deus não fale? Afinal, quem, senão Deus, escreveu a lei natural nos corações dos homens? E dessa lei diz o Apóstolo: *Com efeito, quando os gentios, que não têm lei, fazem naturalmente as coisas que são da lei, esses, não tendo lei, a si mesmos servem de lei e mostram que o que a lei ordena está escrito nos seus corações, dando-lhes testemunho a sua própria consciência e os pensamentos de dentro que os acusam ou também os defendem, no dia em que Deus há de julgar as coisas ocultas dos homens* (Rm 2,14-16). Por isso, toda a alma racional, mesmo cegada pela paixão, todavia, quando pensa e raciocina, tudo aquilo que é verdadeiro no seu raciocínio não deve ser atribuído a ela, mas à própria luz da verdade, pela qual, mesmo levemente, é iluminada nos limites de sua capacidade, para que ao pensar sinta qualquer coisa como verdadeira. O que se há de admirar se se diz que a alma do diabo, corrompida por uma perversa paixão, ouviu da voz de Deus, isto é, da voz da própria verdade, tudo aquilo que pensou do homem justo, quando quis tentá-lo (cf. Jó 1,8; 2,3); porém, tudo aquilo que era falso é atribuído àquela paixão pela qual o diabo recebeu o nome. Todavia, também pela criatura corporal e visível

Deus falou muitas vezes tanto aos bons como aos maus como Senhor e guia de todos e seu ordenador segundo os méritos de cada um; como falou pelos anjos, que apareceram com aspectos humanos, e pelos profetas, que diziam: Estas coisas diz o Senhor. Portanto, o que se há de admirar se se diz que Deus falou com o diabo, embora não por meio do pensamento, mas, certamente, por alguma outra criatura, adaptada para tal obra?

Certamente, isso é dito pelo próprio Senhor no Evangelho, a quem esses hereges, quer queiram ou não, inclinam a cabeça.

9.33. E não suponham que faz parte da dignidade e quase mérito da justiça o fato de Deus ter falado com ele, porque falou com uma alma angélica, embora tola e cobiçosa, como se falasse com uma alma humana tola e cobiçosa. Ou eles próprios digam de que modo Deus falou com aquele rico, do qual quer censurar a paixão muito tola, dizendo: *Tolo, nesta noite virão pedir--te a tua alma; e as coisas que acumulaste, de quem serão?* (Lc 12,20). Certamente, isso é dito pelo próprio Senhor no Evangelho, a quem esses hereges, quer queiram ou não, inclinam a cabeça. Mas, se se preocupam que satanás pede a Deus para tentar o justo, eu não exponho porque tenha acontecido, mas obrigo a eles a expor por que no Evangelho foi dito aos discípulos pelo próprio Senhor: *Eis que satanás vos busca com insistência para vos joeirar como trigo* (Lc 22,31), e a Pedro diz: *Mas eu roguei por ti, para que a tua fé não desfaleça* (Lc 22,32). Quando me expõem essas palavras, ao mesmo tempo exponham a si mesmos aquilo que pedem a mim. Porém, se não forem capazes de expor isso, não ousem temerariamente censurar em qualquer outro livro aquilo que, sem repugnância, leem no Evangelho.

Existem também tentações humanas.

9.34. Por isso, acontecem tentações por obra de satanás, não por um poder seu, mas com a permissão do Senhor, quer para punir os homens de seus pecados, quer para prová-los e exercitá-los pela misericórdia de Deus. E importa muito em qual tentação alguém cai. De fato, Judas, que vendeu o Senhor (cf. Mt 26,14-16.50), não caiu na mesma tentação em que caiu Pedro, que, por medo, negou o Senhor (cf. Mt 26,69-75). Creio que existem também tentações humanas quando alguém com boa intenção, porém segundo a humana fragilidade, erra em algum conselho, ou se irrita contra o irmão no esforço de corrigi-lo, mas um pouco mais do que exige a serenidade cristã. Dessas tentações fala o Apóstolo: *Não vos surpreenda nenhuma tentação que não seja humana*; e ainda: *Deus é fiel, o qual não permitirá que sejais tentados além do que podem as vossas forças, mas fará que tireis ainda vantagem da tentação, para poderdes suportá-la* (1Cor 10,13). E com este pensamento mostrou, suficientemente, que não devemos rezar para não sermos tentados, mas para não sermos induzidos na tentação. Com efeito, somos induzidos se as tentações forem tais que não possamos suportá-las. Mas porque as tentações perigosas, nas quais é prejudicial ser lançado ou induzido, têm origem nas prosperidades ou adversidades do tempo, não se enfraquece pela inquietação das adversidades quem não se deixa seduzir pelo prazer das prosperidades.

Mas livrai-nos do mal.

9.35. A última e sétima petição é: *Mas livrai-nos do mal* (Mt 6,13). Com efeito, deve-se rezar não só para não sermos induzidos ao mal, do qual estamos privados, e isso foi pedido em sexto lugar, mas também sermos libertados daquele no qual já fomos induzidos. E quando isso acontecer, nada permanecerá que seja temível e absolutamente não se deverá temer tentação alguma. Porém, não se deve esperar que isso possa acontecer nesta vida, durante a qual carregamos esta mortalidade, à qual fomos induzidos pela persuasão da serpente (cf. Gn 3,4-5.13); todavia, deve-se esperar que aconteça, e esta é uma esperança que não se vê. Falando dela, o Apóstolo diz: *Ora, a esperança que se vê não é esperança* (Rm 8,24). Mas não se deve desesperar da sabedoria que também nesta vida foi concedida aos fiéis servos de Deus. E ela comporta que fujamos com prudentíssima vigilância daquilo que, por revelação do Senhor, tivermos compreendido que devemos fugir e que busquemos com ardentíssima caridade aquilo que, por revelação do Senhor, compreendemos que devemos buscar. Assim, pois, deposto pela própria morte o restante peso da mortalidade, da parte de cada homem, no tempo oportuno, realizar-se-á a felicidade, que começou nesta vida e que, para alcançar e obter definitivamente, agora deve-se empregar todo o esforço.

A obtenção dos três primeiros pedidos tem início nesta vida e permanecerão para sempre.

10.36. Mas deve-se considerar e discutir a diferença destes sete pedidos. Pois, sendo que agora a nossa vida se desenvolve no tempo e se espera que seja eterna e sendo que as coisas eternas são mais importantes em dignidade, embora, tendo realizado antes as coisas temporais, passa-se para aquelas; a obtenção dos três primeiros pedidos tem início nesta vida que se desenvolve no tempo – de fato a santificação do nome de Deus começou a se realizar pela própria vinda da humildade do Senhor; e a vinda do seu reino, no qual ele há de vir na claridade, não se manifestará depois do fim, mas no fim do mundo; e a perfeição de sua vontade, assim na terra como no céu, seja que por céu e terra entendas os justos e os pecadores, ou o espírito e a carne, ou o Senhor e a Igreja, ou todos ao mesmo tempo, obter-se-á com a própria perfeição da nossa felicidade e, por isso, com o fim do mundo – todavia, todas as três permanecerão para sempre. De fato, tanto a santificação do nome do Senhor é eterna, como seu reino não terá fim, como é prometida a vida eterna para a nossa perfeita felicidade. Portanto, estas três permanecerão realizadas e plenas na vida que nos é prometida.

Parece que os outros quatro pedidos pertencem a esta vida no tempo.

10.37. Parece-me que os outros quatro pedidos pertencem a esta vida no tempo. Dos quais, o primeiro é: *O pão nosso de cada dia dá-nos hoje* (Mt 6,11). Mas, precisamente porque é chamado pão de cada dia – quer seja indicado o pão espiritual, quer aquele no sacramento, ou aquele visível na alimentação – pertence a este tempo que chamou hoje; não porque o alimento espiritual não é eterno, mas porque este pão, que na Escritura é considerado quotidiano, é mostrado à alma tanto com o som das palavras como com alguns sinais temporais, e todas essas coisas, certamente, não existirão mais, quando todas serão ensinadas por Deus e não indicarão a própria inefável luz da verdade com um movimento dos corpos, mas a haurirão pela pureza da mente. Pois, talvez, é também considerado pão e não bebida, porque, quebrando-o e mastigando-o, o pão transforma-se em alimento, assim como, abrindo-as e meditando-as, as Escrituras nutrem a alma; a bebida, porém, preparada como está, passa para o corpo, para que neste tempo a verdade seja pão, pois é considerado pão de cada dia, na eternidade, porém, é bebida, porque não haverá nenhuma necessidade de discutir e dialogar, quase de quebrar e de mastigar, mas somente a ação de beber a sincera e perspicaz verdade. E agora, os pecados nos são perdoados e os perdoamos; e este é o segundo dos outros quatro pedidos; na eternidade, porém, não haverá nenhum perdão dos pecados, porque não haverá nenhum pecado. E as tentações atormentam esta vida temporal; não existirão mais, quando será perfeito aquilo que é dito: *Tu os esconderás no secreto da tua face* (Sl 30,21). E o mal, do qual desejamos ser libertados, e a própria libertação do mal pertencem a esta vida, que pela justiça de Deus merecemos sujeita à morte e dela por sua misericórdia seremos libertados.

Parece que o número sete destes pedidos concorde com aquele setenário dos dons do Espírito Santo.

11.38. A mim parece, também, que o número setenário desses pedidos concorda com aquele número setenário, do qual proveio todo esse discurso. Com efeito, se é temor de Deus aquilo pelo qual são bem-aventurados os pobres de espírito, porque deles é o reino dos céus, peçamos que entre os homens seja santificado o nome de Deus pelo puro temor que permanece nos séculos dos séculos (cf. Mt 5,3-9; 6,9-13; Is 11,2-3). Se é piedade aquilo pelo qual são bem-aventurados os mansos, porque eles possuirão a terra em herança, peçamos que venha o seu reino, quer em nós mesmos, para que nos tornemos mansos e não lhe resistamos, quer do céu para a terra no esplendor da vinda do Senhor, a quem nós gozaremos e louvaremos quando Ele diz: *Vinde, benditos de meu Pai, possuí o reino que vos está preparado desde a origem do mundo* (Mt 25,34). Com efeito, o Profeta diz: *No Senhor gloriar-se-á a minha alma. Ouçam-no os mansos e se alegrem* (Sl 33,3). Se é ciência aquilo pelo qual são bem-aventurados os que choram, porque serão consolados, rezemos para que se faça a sua vontade assim na terra como no céu, porque já não choraremos quando, com toda e suma paz, o corpo, enquanto terra, estiver em harmonia com o espírito, enquanto céu; pois não haverá nenhuma outra dor deste tempo a não ser quando o corpo e o espírito lutam um contra o outro e nos obrigam a dizer: *Vejo nos meus membros outra lei que se opõe à lei do meu espírito* (Rm 7,23), e confessar a nossa aflição com voz lacrimosa: *Sou um homem infeliz! Quem me livrará desse corpo de morte?* (Rm 7,24). Se é fortaleza aquilo pelo qual são bem-aventurados os que têm fome e sede de justiça, porque serão saciados, rezemos para que o pão nosso cada dia nos seja dado hoje, a fim de que, amparados e sustentados por ele, possamos chegar à plena saciedade. Se é conselho aquilo pelo qual são bem-aventurados os misericordiosos, porque deles se alcançará misericórdia, perdoemos os débitos aos nossos devedores, e rezemos para que a nós sejam perdoados os nossos. Se é intelecto aquilo pelo qual são bem-aventurados os puros de coração, poque verão a Deus, rezemos para não sermos induzidos em tentação, a fim de não termos um coração duplo não desejando o bem simples, ao qual relacionemos todas as nossas ações, mas seguindo, ao mesmo tempo, os bens do tempo e da eternidade. De fato, as tentações dessas coisas que aos homens parecem graves e caluniosas não têm poder sobre nós, se não o têm aquelas que acontecem pelas seduções das coisas que os homens consideram boas e fontes de alegria. Se é sabedoria aquilo pelo qual são bem-aventurados os pacíficos, porque eles serão chamados filhos de Deus, rezemos para sermos libertados do mal; pois a própria libertação nos tornará livres, isto é, filhos de Deus, a fim de que pelo espírito de adoção clamemos: *Abba, Pai!*

Deve-se, sobretudo, recomendar aquilo que se refere à remissão dos pecados.

11.39. Sem dúvida, não se deve omitir por negligência que, de todas essas cláusulas com as quais o Senhor nos mandou rezar, julgou que se deve, sobretudo, recomendar aquela que se refere à remissão dos pecados, com a qual quis que fôssemos misericordiosos, que é o único conselho para fugir das misérias. De fato, em nenhuma outra cláusula rezamos de maneira a quase pactuarmos com Deus, pois dizemos: *Perdoa-nos, como também nós perdoamos*. E se nesse acordo mentirmos, não haverá fruto algum em toda a oração. Realmente, Ele diz: *Porque, se vós perdoardes aos homens as suas ofensas, também vosso Pai celeste vos perdoará. Mas, se não perdoardes aos homens, tampouco vosso Pai vos perdoará os vossos pecados* (Mt 6,14-15).

O preceito do jejum refere-se à própria purificação do coração.

12.40. Segue o preceito sobre o jejum, que se refere também à purificação do coração, de que se trata agora. Também nesta ação deve-se evitar que não se insinuem a ostentação e o desejo do louvor humano, que duplica o coração e não permite que seja puro e simples para compreender a Deus. Diz: *Quando jejuardes não vos mostreis tristes como os hipócritas que desfiguram os seus rostos para mostrar aos homens que jejuam. Na verdade, digo-vos que já receberam a sua recompensa. Mas tu, quando jejuares, unge a tua cabeça e lava o teu rosto, a fim de não pareceres aos homens que jejuas, mas a teu Pai, que está presente ao secreto; e teu Pai, que vê no secreto, dar-te-á a recompensa* (Mt 6,16-18). Por esses preceitos, é evidente que toda a nossa intenção se dirige para as alegrias interiores, para não nos conformarmos a este mundo procurando externamente a recompensa, e para não perdermos a promessa de uma felicidade tanto mais sólida e firme quanto mais interior, pela qual Deus nos escolheu para tornar-nos conformes à imagem de seu Filho.

Não só no brilho das coisas corpóreas, mas também nas desoladas imundícies pode haver ostentação.

12.41. Mas nesse capítulo deve-se notar, sobretudo, que não só no brilho e na pompa das coisas corpóreas, mas também nas desoladas imundícies pode haver ostentação e é tanto mais perigosa quanto engana com o pretexto de serviço a Deus. Portanto, quem resplandece por um imoderado culto do corpo e do vestuário ou pelo brilho das outras coisas, é facilmente culpado de ser seguidor das próprias pompas do mundo e não engana ninguém por uma falsa imagem de santidade; porém, se, ao apresentar-se como cristão, alguém atrai sobre si os olhares dos homens com inusitada miséria e com intenções imundas, se o faz voluntariamente e não porque é obrigado pela necessidade, pode-se concluir de suas outras ações se faz isso por desprezo ao culto do supérfluo ou por outra ambição, porque o Senhor ordenou precaver-nos dos lobos em pele de ovelha. Ele diz: *Por seus frutos os conhecereis* (Mt 7,15-16). Com efeito, quando com algumas tentações começarem a ser-lhes tiradas ou negadas as coisas que com aquela cobertura conseguiram ou desejavam conseguir, então é necessário que apareça se é um lobo em pele de ovelha ou uma ovelha na sua. De fato, nem por isso o cristão deve acariciar o olhar dos homens com ornamentos supérfluos, porque, muitas vezes, também os imitadores assumem aquele pequeno e necessário hábito, para enganarem os incautos, pois também as ovelhas não devem depor as suas peles se, às vezes, os lobos se cobrem com elas.

Nos é ordenado que, quando jejuamos, devamos ter também as cabeças ungidas.

12.42. Ora, costuma-se indagar o que significa aquilo que diz: *Mas vós, quando jejuardes, ungi a vossa cabeça e lavai o vosso rosto, a fim de que os homens não vejam que jejuais* (Mt 6,17-18). De fato, embora, por costume, cada dia nos lavemos o rosto, não se poderia, razoavelmente, ordenar que, quando jejuamos, devamos ter também as cabeças ungidas. E se todos reconhecem que isso é muito desagradável, deve-se entender que o preceito de ungir a cabeça e de lavar o rosto refere-se ao homem interior. Portanto, ungir a cabeça refere-se à alegria, lavar o rosto, porém, à limpeza; por isso, unge a cabeça quem se alegra interiormente com a mente e com a razão. Pois, corretamente, entendemos por cabeça aquilo que excede na alma e pelo qual é evidente que as outras coisas do homem são dirigidas e governadas. E faz isso quem não procura a alegria externamente para alegrar-se carnalmente com os louvores dos homens. De fato, a carne, que deve ser sujeita, de modo algum pode ser a cabeça de todo o ser humano. *Decerto, ninguém odeia a sua própria carne* (Ef 5,29), conforme diz o Apóstolo quando ordena que se deve amar a mulher; mas a cabeça da mulher é o homem e cabeça do homem é Cristo (cf. 1Cor 11,3). Portanto, aquele que segundo este preceito deseja ter a cabeça ungida, alegre-se internamente no seu jejum, exatamente porque jejuando assim se afasta do prazer do mundo para ser sujeito a Cristo. Assim, lavará também o rosto, isto é, tornará puro o coração, com o qual há de ver a Deus, pois, não estando interposto o véu proveniente da fraqueza contraída pelas imundícies, será firme e estável, porque limpo e simples. Diz: *Lavai-vos, purificai-vos, tirai de diante dos meus olhos a malícia dos vossos pensamentos* (Is 1,16). Por isso, nossa face deve ser lavada dessas imundícies, pelas quais é ofendido o olhar de Deus. *Com efeito, todos nós, vendo a glória de Deus de rosto descoberto, como num espelho, seremos transformados na mesma imagem* (2Cor 3,18).

A caridade nascida de um coração puro, de uma boa consciência e de uma fé não fingida.

12.43. Com frequência, também, o pensamento das coisas necessárias relativas a esta vida fere e suja nosso olho interior e, geralmente, duplica o coração, de modo que aquilo que parece fazermos corretamente com os homens, não o fazemos com aquele coração que o Senhor ordenou, isto é, não porque os amamos, mas porque queremos obter por meio deles uma certa vantagem para a necessidade da vida presente. Porém, devemos fazer o bem a eles para sua eterna salvação e não por causa de um proveito temporal nosso. Portanto, que Deus incline o nosso coração para seus ensinamentos e não para o lucro! (cf. Sl 118,36). *Ora, o fim do preceito é a caridade nascida de um coração puro, de uma boa consciência e de uma fé não fingida* (1Tm 1,5). Porém, quem cuida de um irmão por causa da própria necessidade desta vida, não cuida, certamente, em vista da caridade, porque não cuida dele, que deve amar como a si mesmo, mas cuida de si, ou melhor, nem de si, pois desse modo torna duplo o seu coração, pelo qual é impedido de ver a Deus, pois somente nesta visão existe a bem-aventurança certa e perpétua.

Mas se o coração está no céu, estará limpo, porque estão limpos todos os seres do céu.

13.44. Portanto, corretamente continua e ordena aquele que insiste em tornar limpo o nosso coração, dizendo: *Não acumuleis para vós tesouros na terra, onde a ferrugem e a traça os consomem e onde os ladrões perfuram as paredes e roubam. Entesourai para vós tesouros no céu, onde nem a ferrugem, nem a traça consomem, e onde os ladrões não perfuram as paredes nem roubam. Porque onde está o teu tesouro, aí está também o teu coração* (Mt 6,19-21). Portanto, se o coração estiver na terra, isto é, se, com tal coração, alguém fizer uma ação para alcançar um proveito na terra, como será puro aquilo que se revolve pela terra? Porém, se estiver no céu, será limpo, porque são limpos todos os seres do céu. Ora, uma coisa se suja quando é misturada a outra de natureza inferior, embora, no seu gênero, não seja suja, porque também com a prata pura suja-se o ouro, se for misturado. Assim, também o nosso espírito se suja pela avidez das coisas terrenas, embora, no seu gênero e ordem, a própria terra seja limpa. Nesta passagem, porém, eu entenderia o céu não corpóreo, porque todo o corpo deve ser considerado como terra. Com efeito, deve desprezar o mundo inteiro quem acumula para si um tesouro no céu, portanto, naquele céu do qual é dito: *O céu do céu é para o Senhor* (Sl 113,16), isto é, no firmamento espiritual. Com efeito, não devemos destinar e estabelecer o nosso tesouro e o nosso coração naquele céu que passará, mas naquele que permanece para sempre, porque *o céu e a terra passarão* (Mt 24,35).

Nesta passagem, por olho devemos entender a própria intenção com a qual fazemos tudo aquilo que fazemos.

13.45. E aqui revela que ordenou todas essas coisas para a purificação do coração, quando diz: *O teu olho é a lâmpada do teu corpo. Portanto, se teu olho for claro, todo o teu corpo terá luz. Mas, se teu olho for defeituoso, todo o teu corpo estará em trevas. Se, pois, a luz que há em ti é trevas, quão espessas serão as próprias trevas?* (Mt 6,22-23). Esta passagem deve ser interpretada de modo a fazer-nos compreender que todas as nossas ações são puras e agradam diante de Deus se forem realizadas com um coração puro, isto é, com a intenção nas coisas mais altas na finalidade da caridade, porque *a caridade é a plenitude da* *lei* (Rm 13,10). Portanto, nesta passagem, por olho devemos entender a própria intenção com a qual fazemos tudo aquilo que fazemos. E, se esta for pura e reta e visar àquilo que deve ser visado, é necessário que sejam boas todas as nossas ações, que realizamos de acordo com ela. E o Senhor considerou todas essas ações o corpo inteiro, porque também o Apóstolo afirma que são nossos membros algumas ações que ele condena e ordena que sejam mortificadas, dizendo: *Mortificai, pois, os vossos membros que estão sobre a terra: a fornicação, a impureza, a avareza* e outras semelhantes (Cl 3,5).

Não se deve considerar aquilo que alguém faz, mas com que intenção o faz.

13.46. Portanto, não se deve considerar aquilo que alguém faz, mas com que intenção o faz. Com efeito, isso é uma luz em nós, porque com ela fica evidente que realizamos com boa intenção aquilo que realizamos: *Tudo o que é manifestado é luz* (Ef 5,13). Pois, os próprios atos que de nós procedem para a sociedade dos homens têm um resultado incerto e, por isso, o Senhor os chamou de trevas. Pois, quando dou um dinheiro a um pobre e que pede, não sei o que ele fará ou sofrerá com isso; e pode acontecer que com ele faça ou por ele sofra um mal que eu, ao dar, não quis que acontecesse, porque não dei com essa intenção. Por isso, se com boa intenção fiz aquilo que, ao fazê-lo, a mim era conhecido e por isso é considerado luz, minha ação é também iluminada, seja qual for o resultado que teve. E esse resultado, precisamente porque é incerto e desconhecido, foi considerado trevas. Porém, se agi com má intenção, também a própria luz é trevas. Mas, considera-se luz, porque sabe-se com que intenção se age, mesmo que se aja com má intenção. Mas a própria luz é trevas, porque a boa intenção não se dirige para o alto, mas desvia-se para baixo, e pela duplicidade do coração como que espalha a sombra. *Se, pois, a luz, que há em ti, é trevas, quão espessas serão as próprias trevas?* (Mt 6,23), isto é: Se a própria intenção do coração, com a qual fazes aquilo que fazes e te é conhecido, torna-se suja e cega pela avidez das coisas terrenas e temporais, quanto mais a própria ação, cujo resultado é incerto, é suja e tenebrosa, porque se aproveita ao outro aquilo que tu fazes sem a reta e a pura intenção, ser-te-á imputado como tu agiste, não como aproveitou a ele.

Ninguém pode servir a dois senhores.

14.47. Porém, aquilo que segue e diz: *Ninguém pode servir a dois senhores,* deve ser referido a esta mesma intenção, que expõe a seguir, dizendo: *Porque ou há de odiar a um e amar o outro, ou há de afeiçoar-se a um e desprezar o outro.* Estas palavras devem ser examinadas atentamente, pois, a seguir, mostra quem são os dois senhores, quando diz: *Não podeis servir a Deus e à mamona* (Mt 6,24). Dizem que entre os hebreus as riquezas eram chamadas de *mamona* (cf. Orígenes, fr. 129 in Mt). Combina também o termo cartaginês, pois, na língua de Cartago, o lucro chama-se *mamona.* Mas quem serve à mamona, na verdade serve àquele que, por causa de sua perversidade nas coisas terrenas, pelo Senhor é chamado de príncipe deste mundo (cf. Jo 12,31; 14,30). Portanto, o homem *ou há de odiar a um e amar o outro,* isto é, a Deus, *ou há de afeiçoar-se a um e desprezar o outro.* Com efeito, suporta um senhor duro e pernicioso quem serve à mamona; de fato, envolvido por sua cobiça, sujeita-se ao diabo, e não o ama – afinal, quem ama o diabo? – todavia, o suporta. Assim como numa casa maior, quem se uniu com a serva alheia, por causa de sua cobiça sofre uma dura escravidão, embora não ame aquele do qual ama a serva.

Libertamos a reta intenção de toda a duplicidade.

14.48. Disse, *desprezará o outro*; não, odiará. Ora, a consciência de quase ninguém pode odiar a Deus, mas o despreza, isto é, não o teme, quando, como que, está seguro de sua bondade. Dessa negligência e perniciosa segurança dissuade-nos o Espírito Santo, quando, pelo profeta, diz: *Filho, não amontoes pecado sobre pecado. E não digas: A misericórdia de Deus é grande, porque ignoras que a paciência de Deus te convida à penitência* (Eclo 5,5-6). Com efeito, de quem se pode recordar tão grande misericórdia senão daquele que perdoa todos os pecados aos convertidos e torna a oliveira-brava participante da gordura da oliveira? E de quem é tão grande a severidade, senão daquele que não perdoou os ramos naturais, mas pela falta de fé os quebrou? (cf. Rm 11,17-20). Mas quem quiser amar a Deus e cuidar de não o ofender, não julgue poder servir a dois senhores nem libertar a reta intenção do seu coração de toda a duplicidade. Com efeito, assim sentirá o Senhor na bondade, e o buscará na simplicidade do coração.

A intenção do coração no céu não busca coisas supérfluas.

15.49. Continua o Senhor: *Portanto vos digo: Não vos preocupeis, nem com a vossa vida, acerca do que haveis* *de comer, nem com o vosso corpo, acerca do que haveis de vestir* (Mt 6,25), para que, talvez, embora já não se busquem as coisas supérfluas, o coração já se duplique por causa das coisas necessárias e para consegui-las se perverta a nossa intenção. Então, quando realizamos alguma ação como que por misericórdia, isto é, quando queremos que apareça o nosso interesse pelo outro e com aquela ação não buscamos a nossa vantagem, mas a utilidade do outro, e por isso parece-nos que não pecamos, porque não são supérfluas, mas necessárias as vantagens que queremos alcançar. Mas o Senhor nos exorta a recordar que Deus, pelo fato de nos ter criado e composto de alma e de corpo, deu-nos muito mais do que são o alimento e o vestido, pelo cuidado dos quais não quer duplicar-nos o coração. Diz Ele: *Porventura, a vida não vale mais do que o alimento*, para que compreendas que quem deu a alma, com facilidade muito maior dará o alimento, *e o corpo mais do que o vestido* (Mt 6,25), isto é, vale mais, para que de maneira semelhante compreendas que quem te deu o corpo, muito mais facilmente dará o vestido.

Nesta passagem, a alma é posta em lugar desta vida.

15.50. Nesta passagem, costuma-se indagar se este alimento se refere à alma, já que a alma é imaterial, ao passo que este alimento é material. Mas sabemos que, nesta passagem, a alma é posta no lugar desta vida, e que sua manutenção é feita por este alimento material. Segundo este significado também se diz: *Quem ama a própria alma perdê-la-á* (Jo 12,25). Ora, se não a interpretarmos com relação à vida presente, que é preciso perdê-la pelo reino de Deus, e é evidente que os mártires puderam fazer isso, esse preceito seria contrário àquela sentença pela qual é dito: *Pois, que aproveitará a um homem ganhar todo o mundo, se vier a perder a sua alma* (Mt 16,26).

Deixar a Deus também o cuidado de cobrir o corpo!

15.51. Continua: *Olhai para as aves do céu, que não semeiam, nem ceifam, nem fazem provisões nos eleitos, e, contudo, vosso Pai celeste as sustenta. Porventura, não valeis vós muito mais do que elas* (Mt 6,26), isto é, não tendes vós mais valor? Porque, na verdade, o animal racional, como é o homem, é constituído numa ordem mais alta da natureza do que os animais irracionais, como são as aves. *Quem de vós*, acrescenta, *por mais que se esforce, pode acrescentar um só côvado à sua estatura? Por que vos inquietais com o vestido?* (Mt 6,27-28), isto é, o vosso corpo pode também ser revestido pela providência daquele por cujo absoluto poder aconteceu que fosse levado à estatura atual. Ora, que não aconteceu por vosso esforço que o vosso corpo chegou a essa estatura, pode-se deduzir do fato que se vos esforçardes e quiserdes acrescentar um só côvado a essa estatura, não o conseguireis. Deixai, pois, a ele também o cuidado de cobrir o corpo, porque vedes que por seu cuidado aconteceu que tenhais o corpo com tal estatura.

Deus, que é bom e justo, muito mais cuida daqueles que o imploram.

15.52. Devia-se dar também um ensinamento pelo vestido, como foi dado pelo alimento. Por isso, continua e diz: *Por que vos inquietais com o vestido? Considerai como crescem os lírios do campo: não trabalham, nem fiam.*

Digo-vos, todavia, que nem Salomão, em toda a sua glória, vestiu-se como um deles. Se, pois, Deus veste assim uma erva do campo, que hoje existe, e amanhã é lançada no fogo, quanto mais a vós, homens de pouca fé? (Mt 6,28-30). Mas esses ensinamentos não devem ser examinados como alegorias, para investigarmos o que simbolizam as aves do céu ou os lírios do campo; de fato são colocados a fim de que por coisas de menor valor sejam evidenciadas as de maior valor. Como é o caso do juiz que não temia a Deus e não respeitava o homem e, todavia, cedeu à viúva que o interpelava muitas vezes, para que considerasse a sua causa, não por causa da compaixão ou da humanidade, mas para não se aborrecer (cf. Lc 18,2-5). De fato, de modo algum aquele injusto juiz representa alegoricamente a pessoa de Deus; mas o Senhor quis que disso se deduzisse de que modo Deus, que é bom e justo, cuida dos que o imploram, porque, mesmo um homem injusto, ainda que para evitar o aborrecimento, não pode tratar com indiferença aqueles que o aborrecem com constantes súplicas.

O reino e a justiça de Deus são o nosso bem e isso deve ser desejado e posto como objetivo.

16.53. Continua: *Não vos aflijais, pois, dizendo: Que comeremos? Que beberemos? Com que nos vestiremos? Os gentios é que procuram todas essas coisas. Vosso Pai sabe que tendes necessidade de todas elas. Buscai, pois, em primeiro lugar, o reino de Deus e a sua justiça, e todas essas coisas vos serão dadas por acréscimo* (Mt 6,31-33). Aqui mostrou com muita evidência que essas coisas não se devem desejar como bens nossos, para que por elas devamos fazer o bem, se fazemos alguma coisa, mas que, todavia, são necessárias. Ora, que diferença existe entre um bem, que deve ser desejado, e um necessário, que deve ser escolhido, declarou-o com esta proposição, quando diz: *Buscai, pois, em primeiro lugar, o reino de Deus e a sua justiça, e todas essas coisas vos serão dadas por acréscimo.* Portanto o reino e a justiça de Deus são o nosso bem e isso deve-se desejar e ali deve-se colocar o objetivo, por causa do qual façamos tudo o que fazemos. Mas porque nesta vida combatemos para podermos chegar a esse reino, não se pode levá-la adiante sem essas coisas necessárias: *Ser-vos-ão dadas por acréscimo,* diz, mas *buscai, em primeiro lugar, o reino de Deus e sua justiça!* Mas, porque disse em primeiro lugar, fez compreender que o necessário deve ser buscado depois, não no tempo, mas no valor: aquele como nosso bem, este como nosso necessário, mas necessário por causa daquele bem.

Paulo não evangelizou por coação, mas por livre vontade pôs a recompensa no próprio Evangelho e no reino de Deus.

16.54. Ora, também, por exemplo, não devemos evangelizar para comer, mas comer para evangelizar. Pois, se evangelizamos para comer, consideramos o Evangelho mais desprezível do que o alimento; e o nosso bem já estará no comer e o necessário, porém, no evangelizar. E isso também o Apóstolo o proíbe, quando diz que lhe era lícito e permitido pelo Senhor que aqueles que anunciam o Evangelho vivam do Evangelho, isto é, tenham do Evangelho as coisas de que necessitam para a vida, mas que ele não usufruiu desse direito (cf. 1Cor 9,12-14). De fato, havia muitos que desejavam ter a ocasião de adquirir e vender o Evangelho, mas, querendo impedir-lhes a ocasião, o Apóstolo sustentou seu alimento com as próprias mãos (cf. At 20,34). De fato, em outro lugar, deles diz: *A fim de cortar a ocasião àqueles que desejam uma ocasião* (2Cor 11,12). Mas mesmo se, como os outros bons apóstolos, com a permissão do Senhor, ele vivesse do Evangelho, não teria posto naquele alimento o objetivo de evangelizar, mas antes, teria colocado no Evangelho o objetivo do próprio alimento, isto é, como disse acima, não teria evangelizado para ter o alimento e as outras coisas necessárias, mas teria usado estas coisas para cumprir aquele dever de evangelizar, não por livre vontade, mas por necessidade. Com efeito, ele desaprova isso, quando diz: *Não sabeis que os que trabalham no santuário, comem do que é do santuário; e que os que servem ao altar, têm parte do altar? Assim ordenou também o Senhor, aos que pregam o Evangelho, que vivam do Evangelho. Eu, porém, de nada disso tenho usado* (1Cor 9,13-15). Com isso, mostrou que uma permissão não é uma ordem, caso contrário parecerá que agiu contra o preceito do Senhor. Depois continua e diz: *Nem tampouco escrevi essas coisas para que se faça assim comigo. Porque para mim é melhor morrer, do que alguém me faça perder a minha glória* (1Cor 9,15). Disse isso, porque já havia estabelecido por causa de alguns que buscavam ganhar o alimento com as próprias mãos (cf. 2Cor 11,12). Diz: *Se eu evangelizar, não tenho de que me gloriar* (1Cor 9,16), isto é: Se eu evangelizar para que aconteçam em mim estas coisas, isto é, se eu evangelizar precisamente para conseguir tais coisas e colocar o objetivo do Evangelho no comer, no beber e no vestir. Mas por que não é glória para ele? Diz: *Pois é uma necessidade que se impõe*, isto é, que eu evangelize porque não tenho de que viver, ou para conseguir um fruto temporal com a pregação das coisas eternas.

Assim, pois, a necessidade já existirá no Evangelho, não a vontade. E diz: *Ai de mim, se eu não evangelizar* (1Cor 9,16). Mas como deve evangelizar? Pondo a recompensa no próprio Evangelho e no reino de Deus. Assim, pode evangelizar não por coação, mas por livre vontade. *Se o faço de boa vontade, diz, tenho o prêmio; mas se o faço constrangido, isso é simples desempenho de um cargo* (1Cor 9,17), ou seja: Se prego o Evangelho porque sou constrangido pela falta das coisas que são necessárias à vida temporal, por meu intermédio outros terão a recompensa do Evangelho, porque por minha pregação amarão o Evangelho; eu, porém, não terei, porque não amo o próprio Evangelho, mas sua compensação indicada para as atividades do tempo. Ora, é uma injustiça que alguém não sirva o Evangelho como a um filho, mas como a um escravo, ao qual foi confiado um cargo, como se distribuísse coisas alheias e não tivesse outra coisa senão os víveres que se distribuem não como participação no reino, mas como sustento de uma miserável escravidão. Embora, em outro lugar, ele se considere um despenseiro (cf. 1Cor 4,1). Com efeito, também um escravo, adotado no número dos filhos, pode fielmente administrar para seus companheiros os bens nos quais mereceu a condição de coerdeiro. Mas quando diz: *Porém, se constrangido, é simples desempenho de um cargo que me foi confiado* (1Cor 9,17), quer que se entenda um administrador que distribui coisas alheias, e daí ele nada receba.

Busquemos as coisas temporais, para termos o reino de Deus.

16.55. Portanto, toda a coisa que se busca por causa de qualquer outra, sem dúvida, é inferior àquela pela qual se busca. E por isso está em primeiro lugar pela qual buscas esta coisa e não aquela que buscas pela outra. Portanto, se buscamos o Evangelho e o reino de Deus por causa do alimento, colocamos em primeiro lugar o alimento e depois o reino de Deus; de modo que se não falta o alimento, não busquemos o reino de Deus. Portanto, buscar em primeiro lugar o alimento e depois o reino de Deus, significa colocar aquele em primeiro lugar, e este em segundo. Porém, se buscamos o alimento de tal forma que tenhamos o reino de Deus, cumprimos o que está dito: *Buscai, pois, em primeiro lugar o reino de Deus e a sua justiça, e todas essas coisas vos serão dadas por acréscimo* (Mt 6,33).

Busquemos em primeiro lugar o reino e a justiça de Deus.

17.56. Com efeito, aos que buscam em primeiro lugar o reino e a justiça de Deus, isto é, aos que antepõem o reino e a justiça de Deus às outras coisas, de modo que por eles as busquemos, não deve existir a preocupação de que nos faltem as coisas necessárias à vida por causa do reino de Deus. De fato, acima disse: *Vosso Pai sabe que tendes necessidade de todas essas coisas.* E, por isso, quando disse: *Buscai, pois, em primeiro lugar, o reino de Deus e a sua justiça*, não disse: depois buscai essas coisas, embora sejam necessárias, mas disse: *Todas essas coisas vos serão dadas por acréscimo* (Mt 6,32-33), isto é, com razão, se buscardes as coisas de Deus, as outras virão até vós sem dificuldade alguma de vossa parte, para que, enquanto buscais a estas coisas da terra, não sejais afastados, ou para não estabelecerdes dois objetivos, de maneira que desejeis tanto o reino de Deus por si, como as coisas necessárias; antes, que busqueis a estas por causa daquelas. Assim, não vos faltarão, porque não podeis servir a dois senhores (cf. Mt 6,24). Todavia, esforça-se por servir a dois senhores quem deseja, como um grande bem, tanto o reino de Deus como as coisas temporais. Mas não poderá ter um olhar simples e servir a um único Senhor, Deus, se não assumir todas as outras coisas, se são necessárias, por causa deste único, isto é, por causa do reino de Deus. Contudo, assim como todos os soldados recebem as provisões e o pagamento, da mesma forma todos os evangelizadores recebem o alimento e o vestido. Porém, nem todos lutam como soldados pela prosperidade da república, mas por causa daquilo que recebem; assim nem todos servem a Deus pela prosperidade da Igreja, mas por causa das coisas temporais, que recebem como provisões e pagamentos, ou tanto por um como por outro. Mas acima já foi dito: *Não podeis servir a dois senhores*. Portanto, com o coração simples, devemos fazer o bem a todos somente por causa do reino de Deus e, ao realizar a boa obra, não pensar somente na recompensa temporal ou somente e ao mesmo tempo no reino de Deus. E em lugar de todas as coisas temporais, indicou o amanhã, dizendo: *Não vos preocupeis, pois, pelo dia de amanhã* (Mt 6,34). Ora, não se fala no dia de amanhã a não ser com relação ao tempo, onde ao passado segue o futuro. Portanto, quando realizamos alguma boa ação, não pensemos nas coisas temporais, mas nas eternas! Então, aquela será uma ação boa e perfeita. *Pois o dia de amanhã, diz, terá as suas preocupações próprias*; isto é, para que, quando for necessário, toma o alimento, a bebida, o vestido, isto é, quando a própria necessidade começar a urgir. Então, esses bens estarão presentes, porque o nosso Pai sabe que temos necessidade de todas elas (cf. Mt 6,32). Pois diz: *A cada dia basta o seu cuidado* (Mt 6,34); isto é, basta que a própria necessidade urja que se assumam estas coisas e julgo que precisamente por isso considerou-a um cuidado, porque para nós é algo que causa pena; afinal, faz parte desta fraqueza e mortalidade que merecemos pecando. Portanto, à pena da necessidade temporal não acrescentes algo mais grave, para que não sofras somente a falta dessas coisas, mas também para que, a fim de satisfazê-la, honres a Deus.

Devemos tomar cautela para não julgarmos que o servo de Deus age contra o preceito do Senhor quando cuida que não faltem estas coisas necessárias para si ou para aqueles que são confiados a seus cuidados.

17.57. Neste ponto, porém, devemos tomar a máxima cautela, para que, talvez, quando vemos algum servo de Deus cuidar que estas coisas não nos faltem ou para aqueles que são confiados aos nossos cuidados, não julguemos que ele age contra o preceito do Senhor e se preocupe com o dia de amanhã. Pois o próprio Senhor, a quem os anjos serviam (cf. Mt 4,11), todavia, a título de exemplo, para que depois ninguém se escandalizasse, quando encarregou algum de seus servos a prover estas coisas necessárias, dignou-se ter bolsas com dinheiro, onde houvesse aquilo de que se precisasse para exigências necessárias. O guarda e ladrão dessas bolsas, conforme está escrito, foi Judas, que o traiu (cf. Jo 12,6). Como também o apóstolo Paulo pode-se ver que estaria pensando no amanhã, quando disse: *Quanto, porém, às coletas que se fazem em benefício dos santos, fazei também vós o mesmo que eu ordenei às igrejas da Galácia. No primeiro dia da semana, cada um de vós ponha de parte e* *junto o que lhe parecer, para que não se façam as coletas na própria ocasião em que eu chegar. E, quando eu estiver presente, mandarei com cartas os que vós tiverdes escolhido, para levar a Jerusalém o vosso socorro. E, se a coisa merecer que eu vá também, irão comigo. Ora, eu irei ter convosco, quando tiver passado pela Macedônia, porque tenho de atravessar a Macedônia. Talvez ficarei convosco e passarei também o inverno, para que vós me acompanheis aonde eu tiver de ir. Porque agora não quero ver-vos só de passagem, mas espero demorar-me algum tempo convosco, se o Senhor permitir. Ficarei em Éfeso até ao Pentecostes* (1Cor 16,1-8). Assim, nos *Atos dos Apóstolos* está escrito que as coisas necessárias para a alimentação foram postas à parte para o futuro, por causa de uma iminente fome. Pois, assim lemos: *Naqueles dias, foram de Jerusalém a Antioquia uns profetas. Levantando-se um deles, chamado Ágabo, fazia saber, por virtude do Espírito, que haveria uma grande fome por todo o mundo, a qual veio no tempo de Cláudio. Os discípulos, cada um segundo os seus meios, resolveram enviar algum socorro aos irmãos que habitavam na Judeia; o que eles efetivamente fizeram, enviando-o aos anciãos por mãos de Barnabé e de Saulo* (At 11,27-30). E porque os bens que se ofereciam eram arrumados no navio pelo próprio apóstolo Paulo, parece que este alimento recolhido não fosse só para um dia (cf. At 28,10). E escreve ainda: *Aquele que furtava, não furte mais, mas antes ocupe-se, trabalhando com suas mãos em qualquer coisa honesta, a fim de ter o que dar ao que está em necessidade* (Ef 4,28); aos que entendem mal, parece que Paulo não observa o preceito do Senhor, que diz: *Olhai para as aves do céu, que não semeiam, nem ceifam, nem fazem provisões nos celeiros* (Mt 6,26); e ainda: *Considerai como crescem os lírios do campo: não trabalham, nem fiam* (Mt 6,28), já que lhes ordenou trabalhar com as próprias mãos, de maneira que tenham também o que dar aos outros. E o que, com frequência, diz de si mesmo, que trabalhou com suas mãos (cf. At 20,34), para não ser pesado a ninguém (cf. 1Ts 2,9) e dele está escrito que se uniu a Áquila, por causa da semelhança do trabalho, para trabalharem juntos e daí tirar o sustento (cf. At 18,2-3), não parece ter imitado as aves do céu ou os lírios do campo. Por estas e por outras passagens das Escrituras aparece suficientemente que o Senhor não desaprova se alguém, segundo o costume humano, procura o alimento, mas se alguém, por causa destas coisas, está a serviço de Deus, de modo que nas próprias atividades não se tem em mira o reino de Deus, mas a aquisição desses bens.

Aquele médico considera prover as coisas necessárias como ajuda, porque a ele uma vez nos entregamos totalmente.

17.58. Portanto, todo o preceito reduz-se a esta regra, que também na provisão dessas coisas pensemos no reino de Deus, mas na luta do reino de Deus não pensemos nelas. Porém, de maneira que, embora por vezes faltem, o que muitas vezes Deus permite para experimentar-nos, não só não enfraquecem o nosso propósito, mas também o confirmam porque controlado e consolidado. Com efeito, diz: *Gloriamo-nos nas tribulações, sabendo que a tribulação produz a paciência, a paciência a prova, a prova a esperança, e a esperança não traz engano, porque a caridade de Deus está derramada em nossos corações pelo Espírito Santo, que nos foi dado* (Rm 5,3-5). Porém, na recordação das tribulações e de seus trabalhos, o mesmo Apóstolo recorda ter sofrido não somente nos cárceres e naufrágios e em muitas outras aflições semelhantes, mas também na fome e sede, no frio e nudez (cf. 2Cor 11,23-27). Quando lemos essas coisas, não julguemos que tenham vacilado as promessas do Senhor para que o Apóstolo, que busca o reino e a justiça de Deus, sofresse fome, sede e nudez, já que nos foi dito: *Buscai, em primeiro lugar, o reino de Deus e sua justiça, e todas essas coisas vos serão dadas por acréscimo* (Mt 6,33). De fato, aquele médico considera estas coisas como ajuda, porque uma vez nos entregamos totalmente a Ele e dele temos a promessa da vida presente e futura, quando deve acrescentar e quando deve tirar, como julgar que nos seja vantajoso; de fato, Ele nos julga e dirige para confortar-nos e exercitar-nos nesta vida e para, depois desta vida, estabelecer-nos para sempre no repouso eterno. Pois também o homem, quando, muitas vezes, subtrai os alimentos a seu jumento, não o priva de seu cuidado, antes, faz isso para cuidar dele.

As coisas ocultas, íntimas do coração, somente Deus as julga.

18.59. E porque, ou se administram os bens para o futuro, ou, se não houver causa para empregá-los, se guardam, é incerto com que intenção acontece, pois pode ser feito com coração simples, e também com coração duplo; por isso, oportunamente, acrescentou nesta passagem: *Não julgueis, para não serdes julgados. Pois, segundo o juízo com que julgardes, sereis julgados; e com a medida com que tiverdes medido, medirão também a vós* (Mt 7,1-2). Penso que nesta passagem nada mais nos é ordenado, a não ser que, nas ações em que há dúvida sobre a intenção com que são feitas, as interpretemos na melhor perspectiva. Com efeito, aquilo que está escrito: *Pelos seus frutos os conhecereis* (Mt 7,16), refere-se às ações evidentes, que não podem ser realizadas com boa intenção, como são os estupros, as blasfêmias, os furtos ou a bebedeira e outras se houver, sobre as quais nos é permitido julgar, porque diz o Apóstolo: *Porque é porventura a mim que compete julgar aqueles que estão fora? Não julgais vós aqueles que estão dentro?* (1Cor 5,12). Quanto ao tipo dos alimentos, porque se podem usar, indiferentemente, com boa intenção e com simplicidade de coração, sem avidez, todos os alimentos úteis aos homens, o mesmo Apóstolo proíbe que aqueles que se nutriam de carnes e bebiam vinho fossem julgados por aqueles que eram moderados no uso de tais alimentos. Ele diz: *O que come, não despreze o que não come; e o que não come, não julgue o que come.* E ali também acrescenta: *Quem és tu para julgar o servo alheio? Quer esteja de pé ou caia, compete a seu senhor* (Rm 14,3-4). Sobre tais coisas, que podem acontecer com boa, simples e grande intenção, embora também possam acontecer sem boa intenção, aqueles, sendo homens, queriam expressar um julgamento sobre as coisas ocultas do coração, sobre as quais só a Deus cabe julgar.

Portanto, julguemos sobre as coisas evidentes; sobre as coisas ocultas, porém, deixemos a Deus o juízo.

18.60. A isso, refere-se também aquilo que diz em outro lugar: *Pelo que não julgueis antes do tempo, até que venha o Senhor, o qual não só porá às claras o que se acha escondido nas trevas, mas ainda descobrirá os desígnios do coração; então, cada um receberá de Deus o louvor que lhe é devido* (1Cor 4,5). Portanto, existem algumas ações intermédias, que ignoramos com que intenção são feitas, porque podem ser feitas com intenção boa ou má, sobre as quais é temerário julgar, sobretudo que as condenemos. Mas virá o tempo de julgá-las, quando o Senhor iluminará os segredos das trevas e manifestará as intenções do coração. Em outra passagem diz o mesmo Apóstolo: *Os pecados de alguns homens são manifestos antes de se examinarem em juízo; mas os de outros manifestam-se somente depois* (1Tm 5,24). Diz que são manifestas as ações das quais é clara a intenção com que são feitas; estas precedem o juízo, isto é, porque se o juízo for depois delas, não é temerário. Vêm depois, porém, aquelas que são ocultas, porque a seu tempo também elas não serão desconhecidas. Assim também devem ser entendidas as ações boas. Pois assim acrescenta: *Igualmente as boas obras são manifestas; e as que não o são ainda, não podem permanecer ocultas* (1Tm 5,25). Portanto, julguemos sobre as obras manifestas; sobre as ocultas, porém, deixemos a Deus o juízo, porque também elas, quer sejam boas quer sejam más, não podem permanecer escondidas, quando chegar o tempo em que serão manifestas.

São dois os casos nos quais devemos precaver-nos de juízo temerário.

18.61. Porém, são dois os casos nos quais devemos precaver-nos de juízo temerário: quando é incerto com que intenção um fato tenha sido feito, ou quando é incerto qual seja o futuro daquele que agora aparece mau ou bom. Portanto, se, por exemplo, alguém lamentando-se do estômago não quiser jejuar e tu, não acreditando, atribuíres isso ao vício da voracidade, farás um juízo temerário. Igualmente, se souberes de manifesta voracidade e de bebedeira, e assim repreenderes, como se a pessoa não puder corrigir-se e mudar, julgarás com não menor temeridade. Portanto, não repreendamos as coisas das quais não sabemos com que intenção são feitas; nem repreendamos de tal maneira as que são manifestas que percamos a esperança da emenda, e evitaremos o juízo do qual agora se diz: *Não julgueis, para não serdes julgados* (Mt 7,1).

É necessário que Deus te puna com a mesma temeridade com a qual punes o outro.

18.62. Porém, pode perturbar aquilo que diz: *Pois, segundo o juízo com que julgardes, sereis julgados; e com a medida com que tiverdes medido, medirão também a vós* (Mt 7,2). Então, será que se nós tivermos julgado com juízo temerário, também Deus nos julgará com temeridade? Ou será que se nós tivermos medido com medida injusta, também junto a Deus há uma medida injusta com a qual nós seremos medidos? Ora, suponho que o termo medida signifique o próprio juízo. De modo algum Deus julga com temeridade ou retribui a alguém com medida injusta. Mas isso foi dito porque é preciso que condene também a ti a mesma a temeridade com a qual condenas o outro. Mas, talvez, se deva presumir que a maldade prejudique um pouco aquele contra o qual se dirige, mas nada aquele do qual procede. E até, na verdade, com frequência, nada prejudica aquele que sofre a injúria, mas é preciso que prejudique aquele que a faz. Com efeito, o que prejudicou aos mártires a iniquidade daqueles que os perseguiam? Aos perseguidores, porém, muito. Porque, embora alguns deles se tenham emendado, todavia, no tempo em que perseguiam, a malícia deles os cegava. Assim, também o juízo temerário não prejudica aquele que é julgado com temeridade, mas inevitavelmente a própria temeridade prejudica aquele que julga com temeridade. Penso que por esta regra foi dita a palavra: *Todo o que ferir com a espada, pela espada morrerá* (Mt 26,52). Com efeito, muitos ferem com a espada e, todavia, não morrem pela espada, como também o próprio Pedro! Mas, para que alguém não pense que ele escapou de tal pena pelo perdão dos pecados, embora nada mais absurdo pensar que exista pena mais grave do que a espada, que a Pedro não aconteceu, do que aquela da cruz que aconteceu. Que dizer, então, dos ladrões que foram crucificados com o Senhor, porque aquele que mereceu o perdão, mereceu-o depois de ser crucificado, e o outro, simplesmente, não o mereceu? (cf. Lc 23,32-43). Talvez tenham crucificado todos aqueles que haviam matado e, por isso, também eles mereceram sofrer? É ridículo pensar isso. Que outra coisa, então, significa: *Todo o que ferir com a espada, pela espada morrerá*, senão que a alma morrerá pelo próprio pecado, seja qual for que tenha cometido?

Que diferença existe entre a ira e o ódio.

19.63. E porque, nesta passagem, nos admoesta sobre o juízo temerário e o iníquo – quer que façamos todas as coisas que fazemos de coração simples e voltado unicamente para Deus; mas existem muitas ações que é incerto com que coração são feitas, sobre as quais é temerário julgar; porém, sobretudo aqueles que amam mais censurar e condenar do que emendar e corrigir, julgam temerariamente sobre fatos incertos e facilmente os criticam, e isso é o vício da soberba ou da inveja –, por isso o Senhor acrescenta e diz: *Por que olhas o cisco no olho do teu irmão, e não notas a trave no teu olho?* (Mt 7,3), de modo que, talvez, por exemplo ele tenha pecado por ira, tu, porém, criticas com ódio. Ora, é tanta a diferença que existe entre o cisco e a trave quanta é a diferença entre a ira e o ódio. Com efeito, o ódio é uma ira inveterada que, por assim dizer, pelo próprio envelhecimento, adquiriu tal resistência que, com justiça, é chamada trave. Mas, pode acontecer que, se te irritas com um homem, queiras que se corrija; porém, se odiares um homem, não podes querer que ele se corrija.

Corrigir os vícios é tarefa dos homens bons e benévolos.

19.64. *Como ousas dizer ao teu irmão: Deixa-me tirar o cisco do teu olho, quando tu mesmo tens uma trave no teu? Hipócrita, tira primeiro a trave do teu olho, e então verás para tirar o cisco no olho do teu irmão* (Mt 7,4-5), isto é: Primeiro tira de ti o ódio, e depois já poderás corrigir aquele a quem amas. E disse bem: *Hipócrita*. Com efeito, acusar os vícios é tarefa dos homens bons e benévolos, mas quando os maus fazem isso, representam as partes dos outros, como os hipócritas, que escondem sob a máscara o que são e, pessoalmente, mostram o que não são. Portanto, com o termo hipócrita entenderás os imitadores. E, na verdade, a raça dos imitadores deve ser muito insuportável e desagradável, pois quando empreendem a acusação de todos os vícios com ódio e inveja, também querem ser considerados conselheiros. E por isso, piedosa e prudentemente devemos estar atentos, para que, quando a necessidade obrigar a repreender ou censurar alguém, primeiramente pensemos se é um vício que nós nunca tivemos ou do qual já nos libertamos. E se nunca o tivemos, pensemos que também nós somos homens e podemos tê-lo tido; porém, se o tivemos e não o temos, a comum fraqueza toque a memória, de modo que não o ódio, mas a misericórdia preceda a repreensão ou a censura, a fim de que, quer para a correção daquele pelo qual fazemos isso, quer para a obstinação – pois o resultado é incerto – nós, porém, estamos tranquilos quanto à sinceridade de nosso juízo. Mas se, refletindo, encontrarmos que também em nós existe aquele vício no qual está aquele que procuramos repreender, não repreendamos nem censuremos, mas tenhamos compaixão e não o convidemos a nos obedecer, mas a tentar juntos.

Paulo não agia por simulação, mas por caridade.

19.65. Ora, também aquilo que diz o Apóstolo: *Fiz-me judeu com os judeus, para ganhar os judeus; com os que estão sob a lei, como se estivesse sob a lei, não estando eu sob a lei, para ganhar aqueles que estavam sob a lei; com os que estavam sem lei, como se estivesse sem lei, não estando sem a Lei de Deus, mas estando na lei de Cristo, para ganhar os que estavam sem lei. Fiz-me fraco com os fracos, para ganhar os fracos. Fiz-me tudo para todos, para salvar a todos* (1Cor 9,20-22), certamente não o realizava por simulação, como alguns querem interpretar para proteger sua detestável simulação com a autoridade de tão grande modelo; mas realizava isso por caridade, pela qual considerava como própria a fraqueza daquele ao qual queria defender. Com efeito, também estabeleceu isso, dizendo: *Porque, sendo livre em relação a todos, fiz-me servo de todos, para ganhar um maior número* (1Cor 9,19). E para compreenderes que isso não aconteceu por simulação, mas por caridade, pela qual nos compadecemos dos homens enfermos como se fôssemos nós, assim exorta em outro lugar, dizendo: *Vós, irmãos, fostes chamados à liberdade; convém somente que não façais dessa liberdade um pretexto para viver segundo a carne, mas servi-vos uns aos outros pela caridade* (Gl 5,13). E isso não pode acontecer se alguém não considera como sua a fraqueza do outro, para suportá-la com serenidade, enquanto dela se liberta aquele do qual cuida a saúde.

Raramente devem ser usadas as censuras, para não servirmos a nós, mas a Deus.

19.66. Portanto, raramente e por grande necessidade devem ser usadas as censuras; todavia, de tal maneira que também nelas procuremos que Deus seja servido, e não nós. Com efeito, Ele é o fim, para nada fazermos com duplicidade de coração, tirando do nosso olho a trave da inveja, da malícia ou da simulação, para conseguirmos tirar o cisco do olho do irmão. Com efeito, vê-lo-emos com olhos de pomba (cf. Ct 4,1), como são exaltados na esposa de Cristo, que Deus escolheu como Igreja gloriosa, sem mancha nem ruga, isto é, santa e imaculada (cf. Ef 5,27).

Explicando as coisas que aqueles aos quais se explicam não podem compreender, sempre prejudica.

20.67. Mas, porque o termo da simplicidade pode iludir alguns que desejam obedecer aos preceitos de Deus, de modo que julgam ser culposo, às vezes, ocultar a verdade, como também é culposo, às vezes, dizer o que é falso e, desse modo, explicando as coisas que aqueles aos quais se explicam não podem compreender, mais prejudicam do que se as mantivessem totalmente e sempre desconhecidas, com muita razão acrescenta: *Não deis aos cães o que é santo, nem lanceis aos porcos as vossas pérolas, para que não suceda que eles as calquem com os seus pés, e que, voltando-se contra vós, vos dilacerem* (Mt 7,6). Porque também o Senhor, embora jamais tenha mentido, mostrou ter mantido desconhecidas algumas coisas, dizendo: *Tenho ainda muitas coisas a dizer-vos, mas vós não podeis compreendê-las agora* (Jo 16,12). E o apóstolo Paulo diz: *E eu, irmãos, não vos pude falar como a espirituais, mas como a carnais. Como a pequeninos em Cristo, nutri-vos com leite, não com alimento sólido, porque não podíeis digeri-lo e nem ainda agora podeis, porque sois ainda carnais* (1Cor 3,1-2).

Deve-se examinar diligentemente o que significam o santo, as pérolas, os cães e os porcos.

20.68. Porém, neste preceito com o qual se proíbe dar coisa santa aos cães, e lançar aos porcos as nossas pérolas, deve-se examinar diligentemente o que significa uma coisa santa, o que significam as pérolas, os cães e os porcos. Santo é aquilo que não é lícito violar nem profanar. Na verdade, considera-se que é ré desse crime a tentativa e a intenção, embora a coisa santa permaneça por natureza inviolável e incorruptível. Devem ser considerados pérolas todos os grandes valores espirituais; e porque estão escondidas em segredo, são como que tiradas das profundezas e são achadas nos invólucros das alegorias, quase como conchas abertas. Por isso, é permitido compreender: pode-se considerar uma e mesma realidade tanto o santo como a pérola, mas o santo pelo fato de não se dever profanar, a pérola pelo fato de não se dever desprezar. Mas, alguém tenta profanar aquilo que não quer que seja íntegro; porém, despreza aquilo que considera vil e quase o julga abaixo de si e assim se diz que é pisado tudo aquilo que se despreza. Por isso, os cães, porque assaltam para dilacerar, não permitem que permaneça íntegro aquilo que dilaceram. Diz o Senhor: *Não deis aos cães o que é santo* (Mt 7,6), porque mesmo se não pode dilacerar e profanar e permanece íntegro e inviolável, deve-se, porém, refletir o que querem aqueles que acerba e hostilissimamente se opõem e, quanto puderem, se fosse possível, tentam destruir a verdade. Os porcos, porém, embora não ataquem com mordidas como os cães, todavia, pisando sujam por toda a parte. Diz o Senhor: *Não lanceis aos porcos as vossas pérolas, para que não vos suceda que eles as calquem com os seus pés, e que, voltando-se contra vós, vos dilacerem* (Mt 7,6). Portanto, julgo que não é inconsequente dizer que os cães são aqueles que contradizem a verdade e os porcos, os que a desprezam.

Deve-se cuidar de não revelar algo a quem não compreende; porque pode deturpar ou negligenciar aquilo que é revelado.

20.69. Mas aquilo que diz: *Voltando-se contra vós, vos dilacerem*, não diz: dilacerem as próprias pérolas. Com efeito, pisando-as, também quando se voltam para ainda ouvir alguma coisa, dilaceram aquele pelo qual já foram lançadas as pérolas que pisaram. De fato, não hás de encontrar com facilidade o que possa agradar a quem tiver pisado as pérolas, isto é, desprezou as verdades divinas conseguidas com tanto trabalho. E não vejo como aquele que as ensina não seja dilacerado pela indignação e pelo desgosto. Ora, ambos os animais são imundos, tanto o cão quanto o porco. Portanto, deve-se cuidar de não revelar algo a quem não compreende; pois é melhor que busque o que está escondido do que deturpe ou negligencie aquilo que é revelado. E, além do ódio e do desprezo, não se encontra outra razão pela qual as grandes verdades reveladas não sejam acolhidas; e pelo primeiro, foram indicados os cães, e pelo segundo, os porcos. Todavia, toda essa imundície torna-se compreensível pelo amor às coisas temporais, isto é, pelo amor a este mundo, ao qual somos obrigados a renunciar para podermos ser puros. Portanto, quem deseja ter um coração simples e limpo não deve considerar-se culpado se oculta algo que aquele ao qual oculta não pode compreender. Mas, nem por isso, deve-se presumir que seja permitido mentir, pois não se segue que quando se oculta a verdade se afirme o falso. Portanto, primeiramente deve-se fazer que sejam tirados os impedimentos, pelos quais acontece que não compreende; porque se não compreende por causa das imundícies, deve ser purificado pela palavra ou pela obra, quanto isso nos for possível.

Sobre as coisas úteis, por vezes, deve-se responder àquilo que nos foi perguntado, como fez o Senhor.

20.70. Já que se encontra que nosso Senhor tenha dito algumas coisas que muitos dos presentes, quer por oposição, quer por desprezo, não aceitaram, não se deve julgar que tenha dado algo santo aos cães, ou tenha lançado pérolas aos porcos; afinal Ele não falou aos que não podiam, mas, aos que podiam compreender e ao mesmo tempo estavam presentes e que não convinha negligenciá-los por causa da imundície dos outros. E quando o interrogavam aqueles que queriam pô-lo à prova, respondia-lhes de modo que não tivessem o que contradizer, embora se consumissem com os próprios venenos, em vez de saciar-se com seu alimento; os outros, porém, que podiam compreender, por sua vez, ouviam muitas coisas úteis. Eu disse isso, a fim de que se alguém, por acaso, não puder responder a quem o interroga, não se considere escusado de dizer que não quer dar coisas santas aos cães, ou lançar pérolas aos porcos. Porém, quem sabe responder, deve responder, quer por causa dos outros, nos quais surge o desespero se crerem não poder resolver a questão proposta, e isso sobre coisas úteis ou referentes ao problema da salvação. De fato, são muitos os assuntos que podem ser questionados pelos que estão desocupados, assuntos supérfluos, vazios e muitas vezes prejudiciais, dos quais, porém, alguma coisa deve-se dizer: mas deve-se revelar e explicar o motivo pelo qual não convém indagar. Sobre as coisas úteis, porém, por vezes, deve-se responder àquilo que nos foi perguntado, como fez o Senhor, quando os saduceus lhe perguntaram sobre a mulher que teve sete maridos, a quem ela pertenceria na ressurreição futura. Ora, respondeu que *na ressurreição nem os homens terão mulheres, nem as mulheres, maridos, mas serão como os anjos de Deus nos céus* (Mt 22,23-30; Mc 12,18-25; Lc 20,27-36). Mas, às vezes, aquele que pergunta deve ser perguntado sobre outra coisa e, se responder a isso, ele responda a si mesmo aquilo que perguntou; porém, se ele disser que não quer, não pareça injusto aos presentes se também ele não tiver resposta ao que perguntou. Realmente, também aqueles que, para pôr à prova, perguntaram se se devia pagar o tributo, foram interrogados sobre outro assunto, isto é, de quem era a figura na moeda que lhe foi apresentada, e já que responderam o que lhes foi perguntado, ou seja, que a moeda trazia a imagem de César, de certa forma, eles próprios responderam ao que o Senhor perguntara. Por isso, por sua resposta, Ele assim respondeu: *Portanto, dai a César o que é de César e a Deus o que é de Deus* (Mt 22,15-21). Mas quando os príncipes dos sacerdotes e os anciãos do povo o interrogaram com que autoridade Ele fazia aquelas coisas, Ele os interrogou sobre o batismo de João, e já que não queriam dizer algo que viam ser contra eles e, por causa dos presentes, não queriam dizer nada de mal sobre João, Jesus disse: *Pois nem eu vos digo com que poder faço essas coisas* (Mt 21,23-27); e isso, aos circunstantes, pareceu muito justo. Ora, disseram ignorar o que não ignoravam, mas não queriam dizer. Então, era realmente justo que aqueles que queriam que se respondesse aquilo que haviam perguntado, antes eles próprios fizessem o que lhes fora pedido; se fizessem isso, certamente teria sido respondido a eles. Com efeito, eles próprios haviam mandado a João, para perguntar quem ele era, ou antes, eles próprios, como sacerdotes e levitas, foram enviados, pensando que ele fosse o Cristo, quando ele negou que fosse, e deu testemunho do Senhor (cf. Jo 1,19-27). E se quisessem confessá-lo por aquele testemunho, eles teriam ensinado a si mesmos com que poder Cristo fazia aquelas coisas, embora tivessem perguntado como se não soubessem, para encontrarem o pretexto de caluniá-lo.

O pedido é feito para conseguir a saúde do espírito, a inquisição para encontrar a verdade.

21.71. Por isso, tendo sido ordenado que não se desse coisa santa aos cães e não se lançassem pérolas aos porcos, um ouvinte podia replicar e dizer, consciente de sua ignorância e fraqueza e, ouvindo, acreditava que lhe era ordenado de não dar aquilo que ele mesmo ainda não tinha recebido: pôde, pois, replicar e dizer: *Que coisa santa me proíbes dar aos cães e que pérolas lançar diante dos porcos, pois vejo que ainda não as tenho?* Por isso, muito oportunamente acrescentou, dizendo: *Pedi, e vos será dado; buscai e achareis; batei e vos será aberto. Porque todo o que pede, recebe; e o que busca, encontra; e a quem bate, abrir-se-á* (Mt 7,7-8). O pedido tem a ver com conseguir a saúde e a firmeza de espírito, para que possamos cumprir aquilo que nos foi ordenado, a inquisição, porém, para encontrar a verdade. Mas, sendo que a vida feliz se consegue com a ação e o conhecimento, a ação deseja a abundância das forças, a contemplação, a manifestação das coisas. Portanto, destas noções, a primeira deve-se pedir, a segunda deve-se buscar, a fim de que aquela seja dada e esta seja buscada. Mas, nesta vida, o conhecimento é antes o caminho do que a posse. Mas quando alguém encontrar o verdadeiro caminho, chegará à própria posse que, todavia, será aberta a quem bate.

O pedido, a busca e a batida são evidenciados com exemplo.

21.72. Mas, para que estes três atos, isto é, o pedido, a busca e a batida se tornem manifestos, a título de exemplo, suponhamos que alguém, por problemas nos pés, não possa caminhar. Portanto, primeiramente deve ser curado e posto em condições de andar, e a isso se refere o que disse: *Pedi*. Mas, de que serve andar ou até correr, se se perder por caminhos errados? Portanto, a segunda coisa é que encontre o caminho que conduz ao lugar onde ele quer chegar. Porém, quando tiver encontrado e percorrido o caminho, se encontrar fechado o local onde quer habitar, não lhe aproveitará ter podido caminhar, ter caminhado e ter chegado, se não lhe for aberto; e a isso se refere o que é dito: *Batei*.

Se homens maus dão coisas boas, quanto mais deve-se esperar que Deus há de dar coisas boas a nós que lhe pedimos e não nos pode enganar.

21.73. E aquele que, prometendo, não ilude, infundiu uma grande esperança; com efeito, diz: *Todo aquele que pede, recebe; e o que busca, encontra; e a quem bate, abrir-se-á* (Mt 7,8). Portanto, é preciso ter perseverança para receber aquilo que pedimos, encontrar aquilo que buscamos e que se abra aquilo que batemos. Mas como tratou as aves do céu e os lírios do campo (cf. Mt 6,26-31), a fim de não perdermos a esperança de que nos seria dado o alimento e o vestido, de modo que a esperança se elevasse das coisas menores para as maiores, assim neste ponto diz: *Qual de vós dará uma pedra a seu filho, quando este lhe pede pão? Se lhe pedir um peixe, dar-lhe-á uma serpente? Se vós, pois, sendo maus, sabeis dar coisas boas a vossos filhos, quanto mais vosso Pai, que está no céu, dará coisas boas aos que lhe pedirem?* (Mt 7,9-11). Como é que os maus dão coisas boas? Mas considerou maus aqueles que ainda amam este mundo e são pecadores. As coisas boas que dão, porém, devem ser consideradas boas segundo seu modo de agir, porque as consideram um bem. E embora também na natureza sejam boas, todavia, são temporais e se referem a esta vida fraca. E o mau que dá, não dá o que é seu: *Do Senhor é a terra, e tudo o que ela encerra* (Sl 23,1); *que fez o céu e a terra, o mar e todas* *as coisas que neles existem* (Sl 145,6). Portanto, deve-se esperar muito que Deus dará coisas boas a nós que as pedimos e que não podemos ser enganados quando recebemos uma coisa por outra quando lhe pedimos, porque também nós, sendo maus, sabemos dar aquilo que nos pedem! De fato, não enganamos os nossos filhos; e qualquer coisa boa que dermos, não damos do que é nosso, mas do que é dele.

Tudo o que vós quereis que os homens vos façam, fazei--o também vós a eles.

22.74. Mas a firmeza e um certo vigor de caminhar são estabelecidos pelo caminho da sabedoria nos bons costumes, que se prolongam até a purificação e serenidade do coração e falando dela há muito tempo, assim conclui: *Tudo o que vós quereis que os homens vos façam, fazei-o também vós a eles; esta é a Lei e os Profetas* (Mt 7,12). Nos originais gregos encontramos assim: *Portanto, tudo quanto quiserdes que os homens vos façam, fazei-o também vós a eles,* mas penso que, para dar destaque à sentença, os manuscritos latinos acrescentaram: *coisas boas.* Com efeito, poderia acontecer que se alguém vergonhosamente quisesse que a seu respeito se fizesse alguma coisa e para isso citasse essa sentença; por exemplo, se quisesse ser provocado a beber imoderadamente e se encher de bebida, mas primeiro estimulasse o outro a fazer o que ele deseja para si, é ridículo pensar que ele tenha respeitado a sentença. Portanto, já que isso poderia perturbar, segundo penso, para esclarecer o pensamento foi acrescentada uma palavra, para que após ser dito: *Portanto, tudo quanto quiserdes que os homens vos façam,* é acrescentado *de bem.* E se esta faltar nos manuscritos gregos, também eles devem ser emendados. Mas, quem ousaria fazer isso? Portanto, deve-se entender que a sentença está completa e absolutamente perfeita, mesmo que não se acrescente essa palavra. Porém, quando se diz: *Tudo quanto quiserdes*, deve ser entendido não segundo o uso corrente, mas propriamente. Afinal, a vontade é somente para as coisas boas; pois para fatos maus e vergonhosos propriamente fala-se de paixão e não de vontade. Nem sempre as Escrituras falam assim, mas onde é necessário usam absolutamente o termo próprio, para não deixarem entender outra coisa.

Nesta única sentença estão incluídos ambos os preceitos.

22.75. Mas, parece que este preceito se refere ao amor ao próximo e não também a Deus, já que em outro lugar diz que são dois os preceitos dos quais depende *toda a Lei e* todos *os Profetas* (Mt 22,40). Pois se tivesse dito: Tudo quanto quiserdes que vos façam, fazei-o também vós, nesta única sentença estariam incluídos ambos os preceitos; com efeito, logo teria sido dito que cada um quer ser amado tanto por Deus quanto pelos homens. Por isso, quando lhe foi ordenado fazer o que quereria que fizessem a ele, foi sobretudo ordenado que amasse a Deus e aos homens. Mas já que se falou mais claramente dos homens: *Portanto, tudo o que quiserdes que os homens vos façam, fazei-o também vós a eles* (Mt 7,12), parece que nada mais tenha sido dito do que: *Ama teu próximo como a ti mesmo*. Mas não se deve observar negligentemente aquilo que acrescentou: *Pois esta é a Lei e os Profetas* (Mt 22,39-40). Naqueles dois preceitos, porém, não disse somente: *depende a Lei e os Profetas*, mas acrescentou:

toda a Lei e todos *os Profetas*, porque isso é toda a profecia. Mas, já que aqui não acrescentou, deixou o lugar ao outro preceito que se refere ao amor de Deus. Mas aqui, porque expõe os preceitos da sinceridade do coração e por eles devemos preocupar-nos, para que ninguém tenha um coração duplo, com relação aos quais o coração pode estar escondido, isto é, em relação aos homens, somente ele devia ser preceituado. Pois, afinal, não existe quase ninguém que queira que o outro o trate com coração duplo. Mas isso não pode acontecer, isto é, que um homem dê algo a outro com sinceridade de coração, a não ser que dê de tal forma que não espere dele um bem temporal e o faça com aquela intenção sobre a qual temos tratado acima, quando falamos do olho simples.

Um olho purificado e tornado simples é apto para ver a Deus.

22.76. Portanto, um olho purificado e tornado simples será apto e idôneo para perceber e contemplar sua luz interior. Com efeito, este é o olho do coração. E tem tal olho aquele que estabelece o fim de suas obras boas, para que sejam realmente boas, não com a intenção de agradar aos homens, mas também, se acontecer de lhes agradar, relaciona-o antes à salvação deles e à glória de Deus e não à sua vazia ostentação; nem realiza algum bem pela salvação do próximo, a fim de com isso conseguir as coisas necessárias para transcorrer esta vida; nem condena temerariamente a intenção e a vontade do homem na ação em que não se evidencia com que intenção e vontade tenha sido realizada; e qualquer trabalho que apresente ao homem, apresenta-o com a intenção com a qual quereria que fosse apresentada a ele, isto é, que dele não espere nenhuma vantagem temporal. Assim será um coração simples e purificado, no qual se busca a Deus. Portanto, *bem-aventurados os puros de coração, porque verão a Deus* (Mt 5,8).

Bem-aventurado quem ouve e observa os preceitos do Senhor

(23.77–27.87)

O apertado caminho que conduz à vida, e a porta estreita pela qual se entra nela.

23.77. Mas porque isso é de poucos, já começa a falar da busca e da posse da sabedoria, que é a árvore da vida (cf. Pr 3,18). Mas para buscá-la e possuí-la, isto é, contemplá-la, tal olho foi conduzido por todas as coisas acima ensinadas, a fim de que com ele já possa ser visto o caminho apertado e a porta estreita. Portanto, é o que diz a seguir: *Entrai pela porta estreita, porque larga é a porta, e espaçoso o caminho que conduz à perdição, e muitos são os que entram por ela. Quão estreita é a porta e apertado o caminho que conduz à vida, e quão poucos são os que a encontram* (Mt 7,13-14). E não diz isso porque o jugo do Senhor é áspero ou o fardo pesado, mas porque poucos querem pôr fim às tribulações, não crendo naquele que clama: *Vinde a mim todos os que estais fatigados e carregados, e eu vos aliviarei. Tomai sobre vós o meu jugo e aprendei de mim, que sou manso e humilde de coração; porque o meu jugo é suave e o meu peso, leve* (Mt 11,28-30) – ora, este discurso teve início precisamente com os humildes e mansos de coração (cf. Mt 5,3-4) – mas muitos rejeitam o jugo suave e o leve peso, e poucos o aceitam; e isso faz que apertado seja o caminho que conduz à vida e estreita a porta pela qual se entra nela.

Pelos frutos conhece-se a árvore.

24.78. Aqui, portanto, é preciso precaver-se daqueles que prometem a sabedoria e o conhecimento da verdade, que não têm, como são os hereges, que se fazem valer sobretudo pelo pequeno número. E por isso, após ter dito que são poucos os que encontram a porta estreita e o caminho apertado, para não se colocarem entre os que são um pequeno número, imediatamente acrescenta: *Guardai-vos dos falsos profetas, que vêm a vós com vestes de ovelhas, mas por dentro são lobos vorazes* (Mt 7,15). Mas estes não enganam o olho simples, que sabe distinguir a árvore pelos frutos; de fato diz: *Pelos seus frutos os conhecereis.* Depois acrescentou algumas analogias: *Porventura colhem-se uvas dos espinhos, ou figos dos abrolhos? Assim toda a árvore boa dá bons frutos, e toda a árvore má dá maus frutos. Não pode uma árvore boa dar maus frutos, nem uma árvore má dar bons frutos. Toda a árvore que não dá bom fruto será cortada e lançada no fogo. Por isso, vós os conhecereis pelos seus frutos* (Mt 7,16-20).

Não pode uma árvore boa dar maus frutos, nem uma árvore má dar bons frutos.

24.79. Neste ponto é preciso guardar-se sobretudo do erro daqueles que supõem que pelas duas árvores indicam-se duas naturezas, uma das quais é de Deus, a outra, porém, nem de Deus nem por Deus. Desse erro muito já se discutiu em outros livros e, se ainda for pouco, discutir-se-á; agora, porém, deve-se informar que estas duas árvores não os ajudam. Em primeiro lugar, porque é tão evidente que o Senhor fala dos homens, de modo que, quem ler o que vem antes e o que vem depois, admira-se da cegueira deles. Depois, prestem atenção ao que é dito: *Não pode uma árvore boa dar maus frutos, nem uma árvore má dar bons frutos* (Mt 7,18) e, assim, pensam que não pode acontecer que uma alma má se torne boa e uma boa se torne má, como se tivesse dito: Não pode uma árvore boa tornar-se má, nem uma árvore má tornar-se boa. Mas, é dito: *Não pode uma árvore boa dar maus frutos, nem uma árvore má dar bons frutos*. A árvore é, certamente, a própria alma, isto é, o próprio homem, o fruto, porém, as obras do homem. Portanto, o homem mau não pode realizar coisas boas, nem o bom realizar coisas más. Por isso, o mau, se quiser realizar coisas boas, primeiro se torne bom. Assim, em outro lugar, o próprio Senhor diz com mais clareza: *Ou produzi uma árvore boa, ou produzi uma árvore má* (Mt 12,33). Ora, se com as duas árvores simbolizasse as duas naturezas, não teria dito: *Produzi*. Pois quem é o homem que pode fazer uma natureza? Depois, ainda ali, quando faz menção das duas árvores, acrescentou: *Hipócritas, como podeis dizer coisas boas, vós que sois maus?* (Mt 12,34). Portanto, enquanto alguém for mau, não pode dar frutos bons; com efeito, se der frutos bons, já não será mau. Assim, com muita razão poder-se-ia dizer: A neve não pode ser quente; pois quando começar a ser quente, já não a consideramos neve, mas água. Pode acontecer, portanto, que aquela que foi neve, já não o seja, mas não pode acontecer que a neve seja quente. Assim, pode acontecer que quem foi mau, já não seja mau; todavia, não pode acontecer que o mau faça o bem. E embora, por vezes, ele se torne útil, não é ele que faz isso, mas provém dele por intermédio da Divina Providência, conforme se diz dos fariseus: *Fazei tudo o que eles vos disserem; mas não os imiteis nas suas ações* (Mt 23,3). E precisamente quando diziam coisas boas, e aquilo que diziam era utilmente ouvido e observado, não era coisa deles. Com efeito, diz: *Estão sentados na cátedra de Moisés* (Mt 23,2). Portanto, pela Divina Providência, os que pregam a Lei de Deus podem ser úteis aos ouvintes, embora não o sejam para si. Deles, em outra passagem, foi dito pelo Profeta: *Semeastes trigo e colhestes espinhos* (Jr 12,13), porque impõem o bem e fazem o mal. Portanto, aqueles que os ouviam e faziam o que era dito por eles, não recolhiam uvas dos espinhos, mas a uva da videira pelos espinhos; como se alguém põe a mão através da sebe ou também colhe a uva da videira que foi envolvida pela sebe, aquele fruto não é dos espinhos, mas da videira.

Guardai-vos de fazer a vossa justiça diante dos homens para serdes vistos por eles.

24.80. Certamente, com muitíssima razão pergunta-se a que frutos o Senhor quer que prestemos atenção, para que por eles possamos conhecer a árvore. Com efeito, nos frutos, muitos escolhem algumas coisas que se referem às vestes das ovelhas e, dessa maneira, são enganados pelos lobos: como são os jejuns, as orações ou as esmolas; pois se todas essas coisas não pudessem ser feitas também pelos hipócritas, não teria dito acima: *Guardai-vos de fazer a vossa justiça diante dos homens para serdes vistos por eles* (Mt 6,1). Por esta sentença, tem presente as três práticas: esmola, oração, jejum. Com efeito, muitos distribuem muitas coisas aos pobres não por misericórdia, mas por ambição; e muitos rezam, ou antes, parecem rezar, não porque contemplam a Deus, mas porque desejam agradar aos homens; e muitos jejuam e interpõem uma admirável abstinência àqueles aos quais essas coisas parecem difíceis e consideram dignas de honra. E por estas astúcias os atraem, enquanto apresentam um aspecto para enganar e outro para depredar ou matar aqueles que não conseguem descobrir os lobos em pele de ovelhas. Não são, portanto, estes os frutos dos quais o Senhor exorta a reconhecer a árvore. De fato, se estas coisas se fazem com boa intenção segundo a verdade, são as vestes próprias das avelhas; mas se for no erro com má intenção, não contêm outra coisa senão lobos. Mas, nem por isso as ovelhas devem odiar sua vestimenta, sobretudo porque os lobos se ocultam nela.

Quais são os frutos pelos quais, uma vez encontrados, reconheçamos a árvore má ou boa.

24.81. Portanto, o Apóstolo ensina quais são os frutos pelos quais, uma vez encontrados, reconhecemos a árvore má: *Ora, as obras da carne são manifestas: são o adultério, a fornicação, a impureza, a luxúria, a idolatria, os malefícios, as inimizades, as contendas, as rivalidades, as iras, as rixas, as discórdias, as seitas, as invejas, os homicídios, a embriaguez, as glutonerias e outras coisas semelhantes, sobre as quais vos previno, como já vos disse, pois, os que as praticam não possuirão o reino de Deus.* E a seguir ele ensina quais são os frutos pelos quais conhecemos a árvore boa, e diz: *Ao contrário, o fruto do Espírito é a caridade, a alegria, a paz, a paciência, a benignidade, a bondade, a longanimidade, a mansidão, a fidelidade, a modéstia, a continência, a castidade* (Gl 5,19-23). Mas, deve-se saber que aqui alegria foi colocada em sentido próprio; pois não se pode dizer com propriedade que os homens maus se alegram, mas que propriamente pulam de alegria, como acima falamos da vontade que, em sentido próprio, os maus não a têm, onde se diz: *Tudo o que quiserdes que os homens vos façam, fazei-o também vós a eles* (Mt 7,12). Segundo esta propriedade, pela qual a alegria é atribuída somente aos bons, também o Profeta afirma: *Não existe estar alegre para os ímpios, diz o Senhor!* (Is 48,22). Assim, aquilo que se disse da fé, certamente qualquer fé não é verdadeira *fé*, como também de outras coisas das quais se falou: elas têm uma certa aparência nos homens maus e enganadores, de modo que, absolutamente, enganam, a não ser que alguém tenha o olho purificado e simples, pelo qual saiba dessas coisas. Por isso, em ótima ordem, primeiramente, tratou-se de purificar o olho, e depois se expuseram as coisas das quais se precaver.

Estes são os frutos: fazer a vontade do Pai que está nos céus.

25.82. Mas porque, embora alguém tenha o olho puro, isto é, viva com o coração sincero e simples, não pode, todavia, perceber o coração do outro, manifestam-se pelas tentações as coisas que não puderem aparecer nas ações ou nas palavras. A tentação, porém, é dupla: ou na esperança de conseguir algum bem temporal, ou na angústia de perdê-lo. E deve-se, sobretudo, cuidar no tender para a sabedoria, que pode ser encontrada unicamente em Cristo – *no qual estão escondidos todos os tesouros da sabedoria e da ciência* (Cl 2,3) – portanto, devemos evitar para, no próprio nome de Cristo, não sermos enganados pelos hereges, por todos aqueles que interpretam mal e pelos amantes deste mundo. Pois, por isso continua e admoesta: *Nem todo o que me diz: Senhor, Senhor, entrará no reino dos céus; mas o que faz a vontade de meu Pai, que está nos céus, esse entrará no reino dos céus* (Mt 7,21), e não devemos pensar que já pertence àqueles frutos, se alguém disser a nosso Senhor: *Senhor, Senhor*, e por isso nos pareça uma árvore boa. Mas estes são os frutos: fazer a vontade do Pai, que está nos céus, porque, para cumpri-la, Ele próprio dignou-se dar o exemplo.

Ninguém pode dizer: Senhor Jesus, senão pelo Espírito Santo.

25.83. Mas, com razão, pode preocupar como convém a esta sentença aquilo que diz o Apóstolo: *Ninguém que fala pelo Espírito de Deus, diz anátema a Jesus; e ninguém pode dizer Senhor Jesus, senão pelo Espírito Santo* (1Cor 12,3), porque não podemos dizer que alguns, que possuem o Espírito Santo, não hão de entrar no reino dos céus, se perseverarem até o fim, nem podemos dizer que têm o Espírito Santo aqueles que dizem: *Senhor, Senhor* e, todavia, não entram no reino dos céus. Portanto, em que sentido: *Ninguém diz: Senhor Jesus, senão pelo Espírito Santo*, a não ser porque, com propriedade, o Apóstolo usou a palavra *diz* para indicar a vontade e a inteligência de quem diz? O Senhor, porém, usou a palavra em sentido genérico ao dizer: *Nem todo o que me diz: Senhor, Senhor, entrará no reino dos céus* (Mt 7,21). De fato, parece que o diz também aquele que não quer nem compreende o que diz; mas o diz com propriedade aquele que expressa a própria vontade e a própria mente pelo som da voz. Assim, pouco antes, o que foi indicado *alegria*, em sentido próprio foi indicado nos frutos do

Espírito, e não como em outro lugar diz o mesmo Apóstolo: *Não se alegra com a injustiça* (1Cor 13,6), como se alguém pudesse alegrar-se com a injustiça, pois este é um orgulho do espírito que exulta desordenadamente, não alegria; alegria só os bons a possuem. Portanto, parecem dizer também aqueles que não compreendem com o intelecto e não realizam com a vontade aquilo que proferem, mas só o proferem com a voz, e nesse sentido o Senhor disse: *Nem todo o que me diz: Senhor, Senhor, entrará no reino dos céus.* Porém, dizem, verdadeira e propriamente, aqueles cujo discurso não discorda de sua vontade e de sua mente; com este significado diz o Apóstolo: *Ninguém pode dizer: Senhor Jesus, senão pelo Espírito Santo.*

Não julgamos que existe sabedoria invisível, onde vemos milagre visível.

25.84. E se refere ao assunto, sobretudo, que não somos enganados ao tender para a contemplação da verdade, não só pelo nome de Cristo por meio daqueles que têm o nome e não as obras, mas também por alguns fatos e milagres. Embora o Senhor os tenha feito por causa dos infiéis, todavia, admoestou-nos que não fôssemos enganados por aqueles que julgam existir sabedoria invisível onde percebermos milagre visível. Portanto, acrescenta e diz: *Muitos me dirão naquele dia: Senhor, Senhor, não profetizamos nós em teu nome, e em teu nome expelimos os demônios, e em teu nome fizemos muitos milagres? Então, eu lhes direi bem alto: Nunca vos conheci; apartai-vos de mim, vós que praticais a iniquidade* (Mt 7,22-23). Portanto, Ele conhece somente aquele que pratica a equidade. E proibiu até os próprios discípulos de alegrar-se com tais fatos, isto é, que os demônios se submetessem a eles, mas disse: *Alegrai-vos porque os vossos nomes estão escritos no céu* (Lc 10,20), suponho naquela cidade de Jerusalém, que está nos céus, na qual somente os justos e os santos reinarão. *Porventura não sabeis*, diz o Apóstolo, *que os injustos não possuirão o reino de Deus?* (1Cor 6,9).

Também os injustos podem fazer milagres visíveis.

25.85. Mas, talvez, alguém diga que os injustos não podem fazer aqueles milagres visíveis e, até, supõe que mintam aqueles que dirão: *Em teu nome profetizamos, expelimos os demônios e fizemos muitos milagres.* Leia, portanto, quantas coisas fizeram os magos do Egito ao se oporem ao servo de Deus, Moisés (cf. Ex 7,11-22). Ou, se não quiser ler, porque não fizeram em nome de Cristo, leia o que o próprio Senhor diz dos falsos profetas, falando assim: *Então, se alguém vos disser: Eis aqui está o Cristo, ou ei-lo acolá, não deis crédito, porque levantar-se-ão falsos cristos e falsos profetas, e farão grandes milagres e prodígios, de tal modo que até os escolhidos seriam enganados. Eis que eu vo-lo predisse* (Mt 24,23-24).

É preciso chegar à certíssima paz e à estabilidade imóvel da sabedoria com o olho puro e simples.

25.86. Portanto, quão necessário é um olho puro e simples para encontrar o caminho da sabedoria, que é perturbado por tantos enganos e erros dos homens maus e perversos! Evitá-los todos significa chegar à certíssima paz e à estabilidade imóvel da sabedoria. Com efeito, deve-se temer com veemência que, no esforço de discutir e de disputar, alguém não veja o que pode ser notado por poucos: que é pequeno o ruído dos que contradizem, a não ser também que ele perturbe a si mesmo. Pertence a isso também aquilo que diz o Apóstolo: *Ora, não convém que o servo do Senhor se ponha a altercar, mas que seja manso para com todos, pronto para instruir, paciente, que corrija com mansidão os que resistem à verdade, na esperança de que Deus lhes dará a graça de se converterem ao conhecimento da verdade* (2Tm 2,24-25). Portanto, *bem-aventurados os pacíficos, porque serão chamados filhos de Deus* (Mt 5,9).

Conclusão de todo esse discurso: edifica em Cristo aquele que pratica o que dele ouve.

25.87. Portanto, deve-se prestar muita atenção a quão terrivelmente é deduzida a conclusão de todo este discurso. Pois, diz: *Todo aquele que ouve estas minhas palavras e as observa, será semelhante ao homem prudente que edificou a sua casa sobre a rocha* (Mt 7,24). Pois somente praticando alguém torna sólido aquilo que ouve ou percebe. E se a rocha é Cristo, como afirmam muitos testemunhos das Escrituras (p. ex., 1Cor 10,4), edifica em Cristo aquele que pratica o que dele ouve. *Caiu a chuva, transbordaram os rios, sopraram os ventos, investiram contra aquela casa e ela não caiu, porque estava fundada sobre rocha* (Mt 7,25). Pois este não teve medo de algumas sombrias superstições – afinal, que outra coisa pode-se entender por chuva, quando se usa como símbolo do mal? – ou dos boatos dos homens que, suponho, sejam comparados aos ventos, ou dos rios desta vida que, por assim dizer, correm sobre a terra mediante as concupiscências carnais. Pois quem é conduzido pelas prosperidades destas três coisas, é rompido pelas adversidades; mas delas não teve medo algum quem teve a casa construída sobre a rocha, isto é, quem não só ouve os preceitos do Senhor, mas também os põe em prática. E a todos esses casos subjaz perigosamente quem ouve e não põe em prática; com efeito, não tem fundamento sólido, mas, ouvindo e não praticando, constrói a ruína. Então, o Senhor continua: *Todo o que ouve estas minhas palavras e não as pratica, será semelhante ao homem insensato, que edificou a sua casa sobre areia. Caiu a chuva, transbordaram os rios, sopraram os ventos, investiram contra aquela casa e ela caiu, e foi grande a sua ruína. E aconteceu que, tendo Jesus acabado este discurso, estavam as multidões admiradas de sua doutrina, porque os ensinava como quem tinha autoridade, e não como os seus escribas* (Mt 7,26-29). Isto é o que eu disse antes, mediante o Profeta nos Salmos, quando disse: *Nisto procederei confiadamente. As palavras do Senhor, palavras sinceras, são prata purificada no fogo, acendrada no crisol, refinada sete vezes* (Sl 11,6-7). Por causa deste número, sou estimulado a referir também estes preceitos às sete sentenças que o Senhor pôs no início deste sermão, quando falou dos bem-aventurados, e àquelas sete operações do Espírito Santo que o profeta Isaías enumera (cf. Mt 5,3-9; Is 11,2-3). Mas, quer esta ordem deva ser considerada neles, quer seja outra, deve-se pôr em prática o que ouvimos do Senhor, se quisermos edificar sobre a rocha.

Série **Clássicos da Espiritualidade**

– *A nuvem do não saber*
Anônimo do século XIV
– *Tratado da oração e da meditação*
São Pedro de Alcântara
– *Da oração*
João Cassiano
– *Noite escura*
São João da Cruz
– *Relatos de um peregrino russo*
Anônimo do século XIX
– *O espelho das almas simples e aniquiladas e
que permanecem somente na vontade
e no desejo do Amor*
Marguerite Porete
– *Imitação de Cristo*
Tomás de Kempis
– *De diligendo Deo – "Deus há de ser amado"*
São Bernardo de Claraval
– *O meio divino – Ensaio de vida interior*
Pierre Teilhard de Chardin
– *Itinerário da mente para Deus*
São Boaventura
– *Teu coração deseja mais – Reflexões e orações*
Edith Stein
– *Cântico dos Cânticos*
Frei Luís de León
– *Livro da Vida*
Santa Teresa de Jesus
– *Castelo interior ou Moradas*
Santa Teresa de Jesus
– *Caminho de perfeição*
Santa Teresa de Jesus
– *Conselhos espirituais*
Mestre Eckhart
– *O livro da divina consolação*
Mestre Eckhart
– *A nobreza da alma humana e outros textos*
Mestre Eckhart
– *Carta a um religioso*
Simone Weil
– *De mãos vazias – A espiritualidade de Santa
Teresinha do Menino Jesus*
Conrado de Meester
– *Revelações do amor divino*
Juliana de Norwich
– *A Igreja e o mundo sem Deus*
Thomas Merton
– *Filoteia*
São Francisco de Sales
– *A harpa de São Francisco*
Felix Timmermann
– *Tratado do amor de Deus*
São Francisco de Sales
– *Espera de Deus*
Simone Weil
– *Contemplação num mundo de ação*
Thomas Merton
– *Pensamentos desordenados sobre o
amor de Deus*
Simone Weil
– *Aos meus irmãozinhos*
Charles de Foucauld
– *Revelações ou a luz fluente da divindade*
Matilde de Magdeburg
– *A sós com Deus*
Charles de Foucauld

– *Pequena filocalia*
Jean-Yves Leloup
– *Direção espiritual e meditação*
Thomas Merton
– *As sete palavras do Cristo na cruz*
São Roberto Belarmino
– *Tende o Senhor no coração*
Mestre de São Bartolo
– *O Pão Vivo*
Thomas Merton
– *O enraizamento*
Simone Weil
– *Na liberdade da solidão*
Thomas Merton
– *O sermão do Senhor na montanha*
Santo Agostinho
– *A direção da alma e a vida perfeita*
São Boaventura
– *A árvore da vida*
São Boaventura
– *A elevação da mente para Deus – Pelos
degraus das coisas criadas*
São Roberto Belarmino
– *O sermão do Senhor na montanha*
Santo Agostinho

Conecte-se conosco:

f facebook.com/editoravozes

⊙ @editoravozes

𝕏 @editora_vozes

▶ youtube.com/editoravozes

☏ +55 24 2233-9033

www.vozes.com.br

Conheça nossas lojas:

www.livrariavozes.com.br

Belo Horizonte – Brasília – Campinas – Cuiabá – Curitiba
Fortaleza – Juiz de Fora – Petrópolis – Recife – São Paulo

EDITORA VOZES LTDA.
Rua Frei Luís, 100 – Centro – Cep 25689-900 – Petrópolis, RJ
Tel.: (24) 2233-9000 – E-mail: vendas@vozes.com.br